AF221547

Your Way of telling Stories

Your Way

of telling

Stories

Juna Jakira

&

Miriam Mai

Bibliografische Information der Deutschen Nationalbibliothek:
Die Deutsche Nationalbibliothek verzeichnet diese Publikation
in der Deutschen Nationalbibliografie; detaillierte
bibliografische Daten sind im Internet über dnb.dnb.de abrufbar.

© 2021 Juna Jakira, Miriam Mai
2. Auflage: Mai 2022

junajakira.miriammai@gmail.com

Umschlaggestaltung: Xena Blayze, Thea Tralisch

Herstellung und Verlag:
BoD – Books on Demand, Norderstedt

ISBN: 9783756221165

Inhaltsverzeichnis

Spuren

M. M.

Jeder hinterlässt Spuren auf seinem Weg. Im Sand, im Gras, im Schnee, im Schlamm … und im Leben. Alles, was ich tue, hinterlässt eine Spur.

Da sind leichte und schwere Schritte. Manchmal hüpfe ich, manchmal schlurfe ich lustlos. Manchmal mache ich eine Pause, bevor ich weitergehe. Aber wenn ich einen Blick über die Schulter werfe, kann ich meine Fußspuren zurückverfolgen. Ich erkenne den bisher geschafften Weg. In der Ferne sehe ich meinen Anfang – und die Spur führt bis in die Gegenwart. Ins Hier und Jetzt.

Ich erkenne, welche Schritte leichtfüßig waren. Da ist mir etwas leicht gefallen, ich kam schnell voran und eine Weile konnte mich scheinbar nichts aufhalten. Dann sind da Spuren, die anstrengend zu gehen waren. Ich sah mich Herausforderungen gegenüber, musste bergauf steigen und kam nur langsam voran. Vielleicht wollte ich manchmal umkehren und einfach dort stehen bleiben, wo die Schritte noch leicht waren. Aber ich ging weiter.

Letztendlich stellte ich oftmals überrascht fest, dass gerade die schwerfälligen Wege die wertvollsten waren. Denn wenn ich den Berg erklommen hatte, gab es beispielsweise eine atemberaubende Aussicht, die ich vom Fuß des Berges aus nicht in der vollen Pracht wahrgenommen hätte. Oben am Gipfel habe ich den Überblick über einen Teil meines Weges. Ich kann ein weites Stück zurückblicken und vielleicht sehe ich auch, wo ich den

Berg wieder hinuntersteigen werde und in welche Richtung mein Weg weiterführt.

Nicht nur in deinem eigenen Leben hinterlässt du Spuren, sondern auch im Leben anderer. Dein Lebensweg kreuzt viele andere. Du begegnest unzähligen Menschen, die zum Teil einen ähnlichen Weg gehen wie du, aber trotzdem einen eigenen. An diesen Stellen überschneiden sich Strecken, kreuzen sich und gehen dann in andere Richtungen wieder auseinander.

An manchen Teilen siehst du eine weitere Fußspur neben deiner, beziehungsweise andere sehen deine Fußspur neben der ihren, weil manche Wege gemeinsam bewältigt werden. Wer hat dich auf welchem Abschnitt begleitet?

All deine Interaktionen haben Auswirkungen. Ein hilfreicher Ratschlag hinterlässt eine Spur, genauso wie aufmerksames, ehrliches Zuhören. Ein Kompliment oder ein Lächeln wirken sich aus, aber auch unbedachte Worte hinterlassen einen Abdruck, der sich nicht einfach verwischen lässt.

Manche Spuren bleiben nachhaltiger im Gedächtnis als andere, aber alle haben eine individuelle Bedeutung – egal, wie klein der Schritt war, den du gemacht hast. Einige Spuren bereust du, andere begeistern dich, weitere stören dich.

Vielleicht denkst du hin und wieder, dass andere Personen einen schöneren, besseren oder leichteren Lebensweg gehen dürfen als du. Du verspürst den Wunsch, deine Strecke zu verlassen und stattdessen jemand anderem hinterherzulaufen. Aber das ist nicht der

Weg, der zu dir gehört. Wenn du die Route eines anderen gehst, entfernst du dich immer weiter von deinem Ziel und verpasst alle Stationen, die du auf deinem eigenen Lebensweg noch hast.

Außerdem weißt du nie, ob der Weg eines anderen tatsächlich so leicht ist wie es den Anschein hat. Oftmals täuscht das, denn du kannst nicht in den anderen Menschen hineinsehen. Du weißt nicht, wie er selbst auf seine bisherigen Fußspuren zurückblickt. Nur jeder für sich weiß, wie schwer manche Dinge waren, die in den Augen anderer wie leichte Schritte aussehen.

Es ist gut, dass wir Spuren hinterlassen, denn es zeigt, dass wir nicht stehen bleiben. Es zeigt, dass wir alle miteinander verknüpft sind und dass wir alle Teil eines großen Ganzen sind. Es zeigt, dass ein Abdruck von uns zurückbleibt.

Denk niemals, dein Leben sei wertlos, denn würdest du deine Spuren nicht hinterlassen, hätte das Auswirkungen auf die Lebenswege vieler anderer. Würdest du durch deinen individuellen Weg nicht vielen unterschiedlichen Menschen begegnen, könntest du keine Spuren in deren Herzen hinterlassen. Ihnen würde etwas fehlen, selbst wenn es manchmal nur Kleinigkeiten sind.

Hab keine Angst vor den Schritten, die du noch gehen musst. Sei dir sicher, dass du nicht alle alleine gehen wirst. Eigentlich bist du niemals allein unterwegs.

Erklimme deine steilen Berge. Leg ruhig Pausen ein, aber bleibe nicht stehen.

Geh deinen Lebensweg – sonst geht ihn keiner.

Der Anfang

J. J.

Einen Anfang finden … eine der schwersten Aufgaben, die man sich vorstellen kann. Wo ist der Anfang in der Arbeitswelt? Wo ist der Anfang … im Leben? Beginnt das Leben wirklich schon mit null Jahren oder erst, wenn man wirklich alles wahrnimmt?

Ab wann beginnt man, sich für Sex und solche Dinge zu interessieren? Ab wann fängt man an, sich über seinen Tod Gedanken zu machen?

Alles Dinge, bei denen ich mich frage, wann ich angefangen habe, darüber nachzudenken. Alles fing damit an, dass ich vor einem leeren Blatt saß. Ich saß vor diesem Blatt und die Geschichte, die ich gerade erzählen möchte, hat vor genau zwei Minuten stattgefunden.

Ich habe ewig nach einem guten Anfang gesucht und ihn scheinbar gefunden. Mit Fragen anfangen? Gute Idee, dachte ich, doch dass ich diese nun beantworten muss … dumme Idee.

Ich glaube, wirklich beantworten kann ich diese Fragen nur für mich, denn die Antworten würden für jeden unterschiedlich aussehen.
Ich kann nur von mir selbst ausgehen, deswegen setzen wir uns an dieses kleine Gedankenspiel.

Meine erste Erinnerung ist eine, in der mich eine Person, die ich mittlerweile als mein Opa identifizieren würde, ansieht. Sie ist der Anfang all meiner Erinnerungen, all meiner Erlebnisse. Der Anfang des Lebens, an das ich mich erinnern kann.

Einige Jahre zogen ins Land und dann begannen die Gedanken, ob ich mich als Junge wirklich wohlfühle. Überraschung ... tu ich nicht.

Es war der Anfang all meiner Unsicherheiten und der Anfang für mein wahres Ich.

Einige Jahre später begann ich, mir Gedanken über meine Beerdigung zu machen. Ja, noch bevor ich mir Gedanken über eine Freundin oder einen Freund gemacht habe, dachte ich an meinen eigenen Tod.

Mein Opa starb zu der Zeit und mir wurde schnell bewusst, dass jeder irgendwann gehen muss. Da dasselbe auch genau am nächsten Tag mit mir hätte passieren können, habe ich früh angefangen, mir Gedanken über meine eigene Beerdigung zu machen.

Erst einige Jahre später hab ich dann angefangen, mir Gedanken zu machen, was und wen ich eigentlich liebe, bis ich zu dem Entschluss kam, dass es auf den Charakter ankommt und kein anderes Attribut. Weder Geschlecht noch Aussehen, und wenn es im legalen Bereich passiert, dann selbst das Alter.

Nun, dann kam langsam die Zeit, in der ich anfing, mir wirkliche Hobbys zu suchen und natürlich entschied ich mich für eines, in dem ich mir Tag für Tag neue Anfänge ausdenken muss. Ein Anfang für einen Liebesroman, für einen Thriller – ja, selbst für diesen Text hier.

Ich saß vor einer Viertelstunde noch oben, ohne ein Wort geschrieben zu haben. Ich saß dort ideenlos und dann habe ich mir Gedanken gemacht. Ich hab mir Gedanken über Anfänge gemacht – über *meine* Anfänge.

Eigentlich sind all die Fragen dort oben eher Fragen, die ich mir selber stellen würde.

So, und jetzt muss ich anfangen, mir Gedanken für den Anfang des Endes zu machen.

Ich schätze, am schlauesten ist es, noch irgendein kluges Zitat oder so mitzugeben, das mich anfangen lässt, an meiner Zitierfähigkeit zu zweifeln.

„Am Ende stellt man doch immer wieder fest, dass man immer wieder vor einem neuen Anfang steht ..."

Gedankenwolken und Sprechblasen

M. M.

Hast du schon einmal einen Comic gelesen?

Mit Sicherheit. Dann kennst du die typischen Elemente: Die Sprechblasen und die Gedankenwolken.

Bisher habe ich mir nie Gedanken darüber gemacht, warum die Sprache und das Denken in genau diese Formen gepackt werden. Die Blase und die Wolke.

Möglicherweise hat es auch keine besondere Bedeutung und ich interpretiere nur zu viel, aber denk trotzdem einmal darüber nach. Ich finde, dass beide Formen ins reale Leben passen.

Ich beginne mit der Gedankenwolke.

Was sind Wolken … *wie* sind Wolken?

Was sind Gedanken … *wie* sind Gedanken?

Wolken ziehen dahin – wie unsere Gedanken. Es gibt kleine, helle Wattewölkchen, die munter dahinziehen. Und helle, leichte Gedanken, die locker kommen und dann gemächlich weiterziehen oder sich auflösen.

Manchmal treibt der Wind die Wolken dahin, sodass es scheint, als würden sie geradezu über den Himmel rasen und ein Wettrennen veranstalten. Die Gedanken sind oft ähnlich. Dann sind zu viele auf einmal da und sie wirbeln ungebremst durch den Kopf, ohne Ruhe zu finden; vom inneren Wind angetrieben. Ein Gedanke jagt den nächsten.

Es gibt große, schwere, dunkle Wolken, die den ganzen Himmel bedecken und bedrückend wirken.

Wie schwere, düstere Gedanken, die den gesamten Raum in einem Menschen einnehmen und ihn unter der Last niederdrücken.

Es gibt Regenwolken, die irgendwann zu schwer werden, um das Wasser zu halten … und Gedanken, die so schwer sind, dass der innere Damm durch den Druck bricht und die Tränen nicht mehr zu bremsen sind.

Manchmal bleibt der Himmel nach einem solchen Regenschauer grau. Manchmal reißt er aber auf und lässt die Sonne wieder durch – vielleicht sogar einen Regenbogen. Nach einem Tränenschauer, der durch bestimmte Gedanken ausgelöst wurde, ist es ebenso: Je nach Situation bleibt danach entweder eine farblose, traurige Stimmung oder das Weinen schenkt Trost und Befreiung. Das schafft Raum am Gedankenhimmel, sodass die Sonne wieder darauf scheinen kann.

Wolken verändern ihre Form genauso wie Gedanken.

Wolken sehen rätselhaft aus. Welche Figuren erkennst du darin? Es gibt kein Richtig oder Falsch bei diesem Spiel. Dasselbe bei den Gedanken: Welche Formen nehmen sie an? Es ist egal. Auch hier gibt es weder Richtig noch Falsch. Gedanken sind eben, wie sie gerade sind. Wolken auch.

Wolken bleiben nicht. Sie kleben nicht am Himmel fest. Auch Gedanken ziehen irgendwann weiter, obwohl manche sehr hartnäckig sind.

Und was ist nun mit den Sprechblasen? Warum passt das Bild einer Blase zum Gesprochenen?

Eine Blase kann platzen. Was sich darin befand, entweicht … wie Worte, die den Mund verlassen. Einmal ausgesprochen, sind sie nicht mehr einzufangen. Nicht mehr rückgängig zu machen.

Die Sprechblase kann förmlich explodieren – meist, wenn es uns vor Wut zerreißt. Häufig bereut man wütende Worte im Nachhinein.

Eine Blase kann schrumpfen, wenn es nicht viel Inhalt gibt und dieser nicht austreten kann. Deine persönliche Sprechblase schrumpft, wenn du nur die Hälfte deiner Meinung äußerst. Die andere Hälfte möchte auch hinaus. Die Worte liegen schon auf deiner Zunge, aber sie verlassen den Mund nicht. Bleiben sie in der Blase gefangen, schrumpeln sie irgendwann davon und können nicht mehr ausgesprochen werden. Vielleicht steigen sie dann in den Himmel auf und gesellen sich zu den Gedankenwolken.

Wie bereits gesagt: Was deine Sprechblase verlässt, bleibt für immer draußen. Alles, was du einem Menschen sagst, hat wiederum Einfluss auf seine Gedankenwolken und wird dort in irgendeiner Form aufgenommen.

Es liegt an dir, ob deine Worte zu leichten, kleinen Schäfchenwolken geformt werden oder zu einer grauen, schweren Wolke, die zur Last wird … oder ob deine Worte einen Regenschauer bewirken, der entweder ein Grau hinterlässt oder einen Regenbogen erschafft.

Gedanken sowie Worte haben Macht.

Sei achtsam mit beidem.

Einsamkeit

J. J.

Etwas, das Räume und Herzen füllen kann, eine Person betrifft und nicht teilbar ist?

Du denkst vermutlich an Liebe, aber es geht um ein anderes Gefühl. Ein Gefühl, welches das komplette Gegenteil von Liebe ist. Ein Gefühl, welches ich in mir trage und nur allzu selten zeige.

Wem sollte ich es auch zeigen? Schließlich geht es heute um das unschöne Gefühl namens Einsamkeit.

Ja, es geht um Einsamkeit, doch was ist das genau?

Einsam sein bedeutet nicht unbedingt, alleine zu sein. Jeden Tag bediene ich Kunden, die ich nicht wirklich mag und arbeite mit Kollegen, für die ich Gleiches empfinde. Doch einsam bin ich deswegen nicht, denn ich mag meine Zeit alleine sehr.

Es liegt vermutlich an den richtigen Menschen, die fehlen. Ich bin einsam, weil niemand etwas mit mir unternehmen möchte. Die Wertschätzung, die ein Mensch nun mal braucht, fehlt und sorgt für Einsamkeit ... das Gefühl, das viel zu sehr unterschätzt wird.

Ich dachte auch eine ganze Weile, dass Einsamkeit Schwachsinn sei. Jeden Tag ist man von Menschen umgeben – wie soll man da einsam sein? Nun, das war eben, bevor sie mich traf.

Ich war und bin noch immer manchmal einsam.

Leute im Internet, die alle grandios sind, weil sie einen nicht verurteilen, können diese Lücke etwas füllen, doch ganz schließen wird sie sich nie.

Wer denkt, er wäre einsam, ist es auch.

Einsamkeit ist eigentlich ziemlich subjektiv. Jemand, der mich nicht kennt, würde denken, ich könne nicht einsam sein. Ich habe online viele Freunde bzw. Leute, die ich so nennen würde.

Doch keiner von denen kann eine richtige, echte, lebendige Umarmung ersetzen. Keine Zahl könnte je ein tolles Gespräch unter vier Augen ersetzen.

Nichts kann eine Person ersetzen, die zu dir hält.

Eine Person, die dich vor der Einsamkeit beschützt.

Nähe und Verbundenheit

M. M.

Was bedeutet es, jemandem nah zu sein? Man könnte sagen, das ist natürlich, wenn Menschen in der Nähe sind. Wenn ich in der Bahn sitze und sich jemand neben mich setzt, dann ist diese Person mir nah. Wenn ich beim Einkaufen bin und Leute sich an mir vorbeidrängeln, kommen sie mir in dem Moment nah. Wenn mir jemand etwas ins Ohr flüstert, dann kommt mir die Person nah. Es kann auch sein, dass mir jemand *zu* nah kommt und ich das unangenehm oder beängstigend finde, weil persönliche Grenzen überschritten werden.

Aber ist das alles, was Nähe ist?

Nähe, wie ich sie verstehe, ist etwas ganz anderes. Denn ich meine die emotionale Nähe, die entsteht, wenn sich Menschen finden, die eine Gemeinsamkeit haben. Mehr als nur die Gemeinsamkeit, zufällig im selben Laden einzukaufen oder zufällig im selben Zugabteil zu sitzen.

Es finden sich Menschen, die sich ähnlich sind in ihrem Kern. Ähnlich in ihrem Denken.

Sie müssen nicht gleich sein. Es kann Unterschiede und sogar Gegensätze geben, aber die Ähnlichkeiten haben eine so starke Bedeutung, dass sie überwiegen und dass sich diese Menschen trotz ihrer Gegensätze zueinander hingezogen fühlen. Vielleicht ist es auch gerade dieser Mix aus Ähnlichkeiten und Unterschieden, der zur wahren Nähe führt. Ich sage bei vielen Dingen gern: „Die Mischung macht's." Und ich denke, das ist die Wahrheit.

Jemanden, der einem wirklich nahe ist, findet man sehr selten im Leben.

Diese Begegnungen sind die verwunderlichsten, überraschendsten, unerwartetsten und besondersten von allen. Es kann romantisch oder freundschaftlich sein – es spielt keine Rolle. Bei beidem ist diese einzigartige Nähe das Größte, was man empfinden kann. Findest du auch nur eine einzige solche Person, kannst du unendlich dankbar sein.

Das Besondere an der emotionalen Nähe ist, dass sie nicht erfordert, im gleichen Raum zu sein. Man kann in verschiedenen Häusern, Städten, Ländern oder gar Kontinenten leben. Vielleicht ist man sich im wahren Leben noch nicht ein einziges Mal begegnet – oder man lief sich über den Weg und wusste es nicht einmal.

Trotzdem kann ich mich einer solchen Person näher fühlen als den meisten Menschen, die mir örtlich nah sind. Das macht die Nähe zur Verbundenheit. Da besteht eine Verbindung zwischen den Herzen: Ein unsichtbares, aber starkes Band, das jede Distanz überwindet.

Spinnen

J. J.

Hast du Angst vor Spinnen? Wenn ja, dann ist dieser Text wie gemacht für dich … aber wenn nicht, dann lies bitte trotzdem weiter.

Wenn du Angst vor ihnen hast, versuche ich, dir die Angst zu nehmen. Wenn du ein Spinnenenthusiast bist, dann wirst du dich einfach über das Folgende freuen können, denn Spinnen unterscheiden sich gar nicht so großartig von uns Menschen.

Fangen wir ganz simpel an. Es gibt Menschen, die haben Angst vor Spinnen oder ekeln sich vor ihnen. Dabei tun sie niemandem was und viele haben nur Angst, sie näher zu betrachten.

Hattest du schon einmal Angst vor einem anderen Menschen oder hast dich vor ihm geekelt, ohne dich weiter mit ihm zu befassen?

Spinnen sind unglaublich kreativ. Sie erschaffen Netze, mit welchen sie ihr Essen fangen. Kennst du ein von Menschen geschaffenes Netz, das einen Hunger stillt? Nein? Kein Problem, dann zeige ich es dir. Es ist ganz einfach, denn es geht um unser Internet(z).

Wir haben das Internet erschaffen und es mit haufenweise kreativen Inhalten gefüllt.

Wenn uns danach ist, begeben wir uns ins Internet und kurze Zeit später ist unser Hunger nach Unterhaltung gestillt.

Vielleicht sollten wir uns auch die acht Beine der Spinne ansehen. Mit diesen Beinen schafft die Spinne unglaubliche Dinge, aber am wichtigsten ist, dass sie einen festen Stand hat. Wenn wir mal die Beine zu Standfüßen machen, passt auch das auf uns.

Die vier linken Beine sind unsere positiven Standfüße. Sie stehen für Glück, Freude, Zufriedenheit und Liebe. Die rechten Beine stehen dann für Wut, Pech, Angst und Zweifel. Nur, wer alle acht ins Gleichgewicht bringt, hat einen festen Stand. Wer nur auf Vieren steht, geht daran irgendwann kaputt – egal, auf welchen vier Beinen man nun steht.

Ein Letztes ist da noch, das wir mit der Spinne teilen. Spinnen haben ein wahnsinniges Durchhaltevermögen. Sie machen sich nichts daraus, dass einige Menschen sie nicht mögen. Sie gehen ihren Weg und wenn sich ihnen plötzlich jemand oder etwas in den Weg stellt, dann umgehen sie es einfach.

Genauso sollten wir es auch machen. Wir sollten, nur weil uns etwas im Weg steht, nicht direkt aufgeben. Wir sollten immer weiter machen, bis wir an unserem Ziel angekommen sind. Dabei helfen uns unser Netz sowie unsere acht kräftigen Beine.

See der Gedanken

M. M.

Wenn ich meine Augen schließe, sehe ich einen ganz bestimmten Ort: Einen See. Aber schon ein flüchtiger Blick darauf zeigt, dass mit diesem See etwas nicht in Ordnung ist. Sein Wasser ist dunkel, trüb und fast schlammig, sodass der Grund überhaupt nicht zu erblicken ist. Trotzdem weiß ich, dass das Gewässer tief ist und viel unter seiner Oberfläche verbirgt.

Am Ufer wuchert verschiedenes Unkraut. Viel zu viel Schilf und Algen befinden sich im Wasser und drohen die einzelne Seerosenknospe zu ersticken, die zu erkennen ist.

Ich sehe, dass dieser dreckige Sumpf von Parasiten befallen ist, die sich an den Steinen und Pflanzen des Ufers festsaugen. Ansonsten wirkt alles wie ausgestorben. Die Fische sind längst verschwunden, denn das Wasser ist voll von Giftstoffen. Das alles raubt dem See seinen Glanz, sein Leben, seine Klarheit.

Ich weiß, um welchen See es sich handelt: Es ist ein Gedankensee. *Mein* Gedankensee.

Oft sind meine Gedanken wüst, dunkel und unklar. Der Sumpf zeigt, wie es momentan in meinem Kopf, in meiner Seele aussieht. Es ist ein Mischmasch aus Erinnerungen, Erlebnissen und Gefühlen, die ich nicht oder nur teilweise einordnen und benennen kann.

Dieser See existiert schon mein Leben lang. Weil ich ihn aber viele Jahre gemieden habe, ist er verwahrlost. Doch jetzt bin ich endlich bereit, mich dem zu stellen, was darin versteckt ist. Ich will erkennen, was er für mich bereithält.

Ich möchte das trübe Gewässer in mir klären und aufhellen, indem ich meine Gedanken nach und nach sortiere und mir somit Klarheit verschaffe.

Ich will das Unkraut jäten und wieder Platz schaffen, damit die Seerosen aufatmen und eines Tages wieder aufblühen können – meine Seerosen der Freude, der Interessen, der Liebe.

Ich will all den Schlamm nach und nach herausschöpfen und mich damit auseinandersetzen, was er bedeutet. Eines Tages möchte ich den Grund des Sees wieder sehen können und mich daran erfreuen. Ich möchte meinen See neu gestalten und wieder Leben darin haben.

Das ist mein Ziel. Der Weg dahin ist lang, aber ich beginne ihn heute zu gehen.

Ich werde Geduld und viel Kraft brauchen. Vielleicht werde ich manchmal am See sitzen und weinen, manchmal Angst haben oder verwirrt sein. Ich werde Pausen brauchen, um woanders aufzutanken. Aber ich will immer wiederkommen, bis das Gewässer sauber und schön ist. Das ist mein persönliches Projekt, für das ich selbst verantwortlich bin. Ich weiß, es wird schwer werden – jedoch wird es sich am Ende lohnen.

Einiges aus dem Gedankensee ist gar nicht zu erkennen, weil es in den Tiefen verborgen ist und ich selbst noch nicht Kenntnis von allem genommen habe.

Aber manches ist schon aufgestiegen und brodelt direkt unter der Oberfläche, mal mehr und mal weniger, doch es taucht nicht mehr hinunter bis an den Grund. Es möchte aus dem Sumpf herausgeholt und angeschaut werden.

Zum Teil schäumt das Wasser förmlich, weil einzelne Gedanken und Gefühle so drängend sind.

Ich darf sie nicht länger ignorieren. In diesem Moment begebe ich mich deshalb an meinen See und nehme mir Zeit. Ich setze mich im Geiste ans Ufer und bin offen für das, was mein Gedankensee heute preisgibt.

Wie sieht *dein* persönlicher See aus? Vielleicht gibt es Parallelen, vielleicht Unterschiede. Egal, in welchem Zustand dein innerer See sich befindet: Schenk ihm die Aufmerksamkeit und Pflege, die er braucht, um wieder lebendig zu sein.

Schenk *dir* die Aufmerksamkeit, die du brauchst, um richtig zu leben.

Die Büste

J. J.

Schon immer haben Menschen sich selbst darstellen wollen. Seien es Portraits, die ein paar tausend Jahre halten. Seien es Bauwerke, die eventuell für immer halten, doch bei denen irgendwann keiner mehr weiß, für wen sie gebaut wurden. Oder seien es Büsten, die Gesichter von Personen zeigen und sie damit auf ewig porträtieren.

Ja, Büsten: Ein Kopf aus Stein, der in vielen Fällen bekannte Menschen zeigt. Die wohl bekannteste Büste ist die von Sokrates. Aus weißem Marmor geschlagen und ewig haltbar.

Doch warum genau sollte man das machen lassen? Nun ja, im Falle Sokrates gab es wenige andere Möglichkeiten. Portraits gab es noch keine so wirklich und an Fotos war noch nicht einmal zu denken. Einer der wichtigsten Denker, die es jemals gab, bekommt eines der am längsten haltenden Portraits, die es gibt.

Doch der Zweck der Büste wurde leider entfremdet. Heutzutage kann jeder eine Büste von sich erstellen lassen. Und so wie der Wert solcher Kunstwerke sinkt, sinkt auch der des Materials. Von edlem Marmor bis hin zum billigen Plastik – genau so sieht man es heute auch. Selbst die Büste vom bekannten Sokrates gibt es heute aus Plastik. Die schönen Kunstwerke verlieren an Wert und das nur, weil wir die Technik ausnutzen … aber warte mal … Ist das mit uns nicht ähnlich?

Sehen wir mal unser Herz als unsere Büste an. Etwas Einzigartiges, das einen wundervollen Menschen für lange

Zeit am Leben erhält. Unser Herz ist eine Sache, die wir erst verlieren, wenn wir irgendwann sterben, so wie die Büsten erst dann verloren gehen, wenn diese zerbrechen.

Büsten werden immer wertloser und so auch einige Herzen, wenn sie mit Hass gefüllt werden. Hass ist hier Plastik. Hass hat weniger Wert als Toleranz und Güte, die für Marmor und Granit stehen.

Wir alle sind wundervolle Menschen. Wir alle haben eine Büste.

Wir sehen sie vielleicht nicht, aber wir formen sie. Wir werden sie nie sehen, aber unser ganzes Leben über formen wir unsere Brüste … ääh, *Büste*.

PS: Wie oft hast du dich bei der Büste verlesen? Ich jedenfalls hatte mich beim Verfassen oft verschrieben …

Narben

M. M.

Die meisten Menschen besitzen Narben – sei es durch einen Unfall, eine Operation, kleine alltägliche Missgeschicke oder durch selbst zugefügte Wunden.

Viele verbergen ihre Narben. Mit Kleidung. Make-up. Oder mit Tattoos. Mit Narben assoziieren Menschen meist Negatives. Man fragt: „Oh, wie ist das denn passiert?" Oder man sagt gar nichts und denkt sich seinen Teil.

Viele schämen sich dafür, Narben am Körper zu haben. Diese werden als Makel wahrgenommen, der verschwinden muss. Doch es lohnt sich, einen anderen Blick darauf zu werfen:

Jede Narbe erzählt ihre Geschichte. Eine Geschichte, die Teil deines Lebens ist. Narben gehören zu dir. Narben sind menschlich. Eine Narbe zeigt, dass es eine Wunde gab. Auch, wenn diese längst verheilt ist, erinnert die Narbe noch lange daran. Vielleicht für immer.

Die Narbe spricht: „Du warst verwundet – jetzt bist du geheilt." Sie erinnert dich daran, dass du diese Wunde überlebt hast. Narben sind Situationen, die überlebt wurden.

Narben bedeuten, gekämpft und gesiegt zu haben. Narben bedeuten Stärke, denn was auch immer sie verursacht hat, es hat dich nicht untergekriegt.

Eine Narbe ist etwas Bewundernswertes, wenn du sie auf diese Weise betrachtest. Sie erinnert an überstandene Schmerzen. Sie erinnert an eine Situation, in der du dich schwach, hilflos, überfordert, erschrocken oder ängstlich gefühlt hast und die du dennoch gemeistert hast.

Sie zeigt dir, dass eine bestimmte Sache überstanden ist.

Es muss nicht alles andere in deinem Leben gerade heil sein, aber deine Narben sind es definitiv, sonst wären sie offene Wunden.

Sieh deine Narben das nächste Mal liebevoll an. Sie sind da. Sie gehören zu dir.

Sie sind Geschichten – und zwar deine.

Elefant

J. J.

Das Thema, über das ich heute reden will, betrifft eigentlich jeden Menschen. Es betrifft jeden von uns Elefant.

Elefant? Ja, Elefant. Denn wisst ihr, was das war?

Genau: Unberechenbar.

Menschen sind unberechenbar und genau das macht uns menschlich. Wenn man alles, was wir machen, berechnen könnte, wären wir nicht mehr als Maschinen.

Klar, manchmal hat man nur zwei Möglichkeiten und laut Rechnungen wären es also fünfzig Prozent, aber was, wenn man sich plötzlich einen dritten Weg schafft? Einen, der nicht berechenbar war?

Doch nicht nur du und ich sind unberechenbar, auch Dinge, die uns passieren. Selbst, wenn man an Schicksal glauben mag, ist auch dieses unberechenbar. Sei es ein Auto, das zufällig abbiegt und dich fast überfährt. Das ist unberechenbar, weil du davon ausgehst, dass ein Auto blinkt, bevor es um eine Kurve fährt. Sei es ein Anruf, den du erhältst. Dieser war unberechenbar und das vielleicht sogar von beiden Seiten, da sich die Person am anderen Ende auch einfach verwählt haben könnte.

Ein Meeting könnte plötzlich unterbrochen werden, weil das Internet eines Menschen ausfällt, der aus Versehen mit dem Fuß das Kabel gezogen hat.

Wir Menschen sind unberechenbar. Oder hättest du erwartet, dass jetzt gleich wieder ein zufälliges Wort auftaucht? Vermutlich schon. Und warum?

Weil du denkst, du hättest das Geheimnis hinter diesem Text entdeckt. Doch wie du siehst, kam das Wort nicht. Denn dieser Text, bzw. seine Autorin, ist genau so unberechenbar wie Kleiderschrank.

Hast du hiermit gerechnet? Wenn ja, dann herzlichen Glückwunsch. Du hast genau das geschafft, was ich erhofft habe. Aber heißt das dann nicht, dass du berechenbar bist? Nein, denn weißt du, wer sich entschieden hat, dieses Buch in die Hand zu nehmen und darin zu lesen? Das warst du und das war völlig unberechenbar.

Ich stelle hier auch nicht mehr als wilde Behauptungen auf. Vielleicht hast du auch anders reagiert, als ich mir das erhofft habe.

Egal, was du gemacht hast: Du musst dir immer bewusst sein, dass du ein Individuum bist, das individuelle Entscheidungen trifft, die niemand je berechnen könnte.

Zufall

M. M.

Jeder lernt Menschen in seinem Leben kennen, die zu wichtigen Begleitern werden. Überlege dir eine solche Person. Was musste alles geschehen, damit ihr aufeinander gestoßen seid?

Hier mal ein Beispiel: Eine meiner engsten Freundinnen ist mir ein Fels in der Brandung geworden. Vor einigen Jahren lernten wir uns kennen, weil wir uns für dieselbe Ausbildung entschieden haben und uns an derselben Schule dafür beworben hatten. Wir durchlebten die Ausbildung gemeinsam, waren in derselben Klasse und entdeckten dabei, dass wir auf derselben Wellenlänge waren. Ich möchte mir mein Leben nicht ohne sie ausmalen.

Doch was musste geschehen, damit dies überhaupt möglich war? Oder war es einfach Zufall, dass wir uns für denselben Berufsweg an derselben Schule interessiert haben?

Dann wäre es auch Zufall, dass wir ungefähr im gleichen Alter sind und zur gleichen Zeit die Ausbildung begonnen haben. Es wäre ein Zufall, dass ihre Eltern sich kennengelernt und Kinder bekommen haben. Es wäre ein Zufall, dass meine Eltern sich kennengelernt haben, obwohl sie nicht einmal im selben Land lebten. Es wäre ein Zufall, dass unsere Großeltern sich kennengelernt hätten … Man sieht, wo ich hin will.

Es wäre Zufall, dass diese Freundin und ich in unserem Aufwachsen beide bestimmte Interessen und Ansichten entwickelt haben, in denen wir uns überschneiden, sodass wir überhaupt angefangen haben, Zeit miteinander zu verbringen. Es wäre ein Zufall, dass wir uns oftmals gut ergänzen. Es wäre ein Zufall, dass sie gerade zu einer Zeit in mein Leben stieß, als ich jemanden wie sie unbedingt an meiner Seite brauchte, um den Glauben an mich selbst nicht endgültig zu verlieren ... und einen anderen Glauben zu vertiefen, der mir das Leben retten sollte.

Es wäre ein Zufall, dass sie da war, als mein Leben eine Wende machte und dass sie die erste Person war, der ich mich dabei anvertrauen konnte. Es wäre ein Zufall, dass ich – genau durch dieses Anvertrauen – überhaupt die nötige professionelle Hilfe bekam.

Es wäre ein Zufall, dass ich eine Schwierigkeit in meinem Leben überwinden konnte und erst danach langsam wieder begann, alte Interessen wie z. B. das Schreiben neu zu entdecken.

Es wäre ein Zufall, dass ich im Internet nach Leuten gesucht habe, die dieselbe Leidenschaft teilen und mit denen ich mich austauschen kann. Es wäre ein Zufall, dass ich mich bereit erklärt habe, einige Texte von jemandem zu lesen und dass wir dann festgestellt haben, wie ähnlich wir beide uns sind und dass wir uns gut verstehen.

Es wäre ein Zufall, dass daraus ein tolles gemeinsames Projekt entstanden ist – nämlich dieses Buch.

Es wäre Zufall, dass ich dadurch jetzt eine weitere Person in meinem Leben habe, die mir das Gefühl gibt, verstanden zu werden und die mir nach kurzer Zeit bereits unheimlich wichtig geworden ist.

Es hängen alle Zufälle daran, die zustande kommen mussten, damit diese Person dort im Internet unterwegs war, wo ich nach Gleichgesinnten suchte.

Kann es so viele Zufälle überhaupt geben? Oder sind es gar keine? Manche nennen es Schicksal, andere sagen, es sei Gottes Plan, je nachdem, woran man glaubt.

Ich glaube, dass letztendlich alles einen Sinn hat. Jede Entscheidung, die du triffst. Jede Schwierigkeit, die auf dich zukommt. Jede falsche Abzweigung, die du nimmst. Jeder Mensch, dem du begegnest. All das.

Viele kleine Dinge knüpfen sich zusammen zu dem großen Netz, das „mein Leben" heißt. Und viele kleine Dinge knüpfen sich zusammen zu deinem Leben. Manche Netze knüpfen aneinander, weil viele kleine Dinge sie zusammengeführt haben.

Was für ein Zufall, oder?

Alles, was dir im Leben zufällt, kann dich stärken.

Alles, was dir im Leben zufällt, bringt dich weiter und ist eine Lernerfahrung.

Alle Hindernisse, die dir zufallen, sind Möglichkeiten, dich zu entwickeln.

Alles, was dir zufällt, ist kein Zufall.

Regen

J. J.

Ein angenehmer Duft zieht mir in die Nase. Eine kühle Brise legt sich um meine Arme, meine Beine, meinen gesamten Körper. Die Sonnenstrahlen verschwinden hinter den Wolken. Es wird etwas kalt, doch trotzdem ist mir warm. Bald spüre ich es.

Wie kleine Stupser treffen sie mich. Meine Haare, mein Gesicht, meine Füße. Sie werden nass. Ich werde nass, doch ich fühle mich wohl. Andere Menschen rennen panisch in ihre Häuser und ich bleibe einfach stehen.

Ich schaue in den Himmel und spüre jeden einzelnen Tropfen, der mein Gesicht trifft. Ich fühle mich lebendig, wie neugeboren, jedes Mal, wenn ich hier stehe und der Himmel seine Tränen vergießt.

Ich genieße es sehr, da ich weiß, dass ich damit nicht alleine bin. Nein, ich meine nicht das Mögen des Regens, sondern das Tränenvergießen.

Wenn es regnet, weiß ich, es sieht keiner. Wenn es regnet, weiß ich, dass die Natur an meiner Seite ist. Wenn ich weine, dann, wenn es regnet. Wenn ich meine Wohnung verlasse, dann um zu weinen, wenn es regnet.

Ich suche mir einen Wald, in dem das nasse Gras meine Nase zu einer Duftfahrt entführt, die schöner nicht sein könnte. Ich suche mir einen Wald, dessen Geräuschkulisse mich so ablenkt, dass ich meine Augen schließen kann und trotzdem weiß, was los ist. Ich suche mir einen Wald, in dem ich mich auf einen Baumstamm legen, den Mund öffnen und die Regentropfen schmecken kann. Einen mit Moos bedeckten Baumstamm, damit ich dieses unter meinen Fingern spüren kann … und dann weine ich.

Weinen … das eine Gefühl, das nicht der Wald im Regen auslöst, sondern der Regen im Wald, den ich meinen Kopf schimpfe. Ein Regen, der meinen Kopf füllt, bis er zu schwer wird und aus den Augen wieder herauskommt.

All meine Sinne sind von den tollen Dingen bedient, die der Regen mit sich bringt. Duft, Aussicht, Geräusche, Haptik, Geschmack und alles nehme ich nicht wahr, da es aus mir regnet.

Erst wenn es aufhört zu regnen und die Sonne wieder scheint, bemerke ich, was ich die ganze Zeit hätte fühlen sollen. Der Regen wollte mich eigentlich davon abhalten, dass ich auch regne.

Doch jedes Mal aufs Neue scheint er mich auch dazu einzuladen.

Wachstum

M. M.

Aus der Erde wächst ein Spross, ganz unscheinbar zunächst. Zögernd hat er sich seinen Weg aus der Erde gebahnt, nachdem seine kleinen Wurzeln sich dort ausgebildet haben. Der Spross ist zart, empfindlich und sehr verletzlich. Er ist unscheinbar und könnte jederzeit zertreten werden, weil niemand ihn beachtet.

Du bist dieser Spross, wenn du beginnst, darüber nachzudenken, wer du bist. Wenn du dich auf den Weg ins Leben machst, ist das erst schwierig. Die kleinen Wurzeln sind deine Vorstellungen von der Welt. Sie sind zwar in der Erde, aber noch fein und biegsam. Jeder könnte dich schnell entwurzeln, indem dir deine eigene Meinung ausgeredet wird. Das darf nicht passieren.

Du darfst nicht einfach ausgerissen und an einen Platz gepflanzt werden, wo es den anderen besser passt. Dort, wo du deine Wurzeln aus freiem Willen schlägst, dürfen sie bleiben.

Damit du nicht von anderen entwurzelt wirst, ist wichtig, dass du für dich sorgst.

Eine gute Voraussetzung für das weitere Wachstum der Wurzeln ist ein guter, reichhaltiger Boden. Wie sieht der Boden aus, in den du gepflanzt wurdest und aus dem du wächst? Fühlst du dich dort wohl und geborgen oder braucht die Erde mehr Nährstoffe? Das Wachstum der Wurzeln ist nach außen hin nicht sichtbar, aber es ist unendlich wichtig, um sicher zu stehen.

Der Spross braucht Wasser, das ihn nährt. Wasser, das Klarheit und Leben schenkt, Wasser das den Durst stillt. Du brauchst Wasser, das dich erfüllt.

Woraus besteht es für dich?

Egal, ob jemand den Spross eigenhändig gießt oder ob es Regentropfen sind, die ihn benetzen: Das Wasser fördert Wachstum. Du wächst an den Aufgaben, die dich erfüllen. Das sind die Aufgaben, die du selbst gewählt hast und die dir Freude bereiten. Aber manchmal kommen Dinge auf einen zu, die man sich nicht aussuchen kann. Vielleicht machen sie keinen Spaß. Vielleicht verzweifelst du sogar daran. Aber auch sie lassen dich wachsen.

Alles, was du in deinem Leben meisterst, darf dich mit Stolz erfüllen. Du wirst größer, der Spross wird kräftiger und seine Wurzeln werden dicker.

Je stärker sie werden, umso tiefer verankern sie sich im Boden. Irgendwann kann nichts mehr die Pflanze einfach entwurzeln.

Der Spross braucht das Sonnenlicht, um größer zu werden und zu tanken. Wenn du in der Sonne stehst, wirst du gewärmt, fühlst dich geliebt und du wirst zum Strahlen gebracht. Eine Pflanze wendet sich aktiv der Sonne zu, denn sie ist lebenswichtig für sie.

Wer oder was ist die große Sonne in deinem Leben? Welche Personen bringen dich wie einzelne Sonnenstrahlen zum Leuchten, wenn sie dich mit ihrer Unterstützung und Liebe anscheinen?

Schaffst du es, selber ein Teil dieser Sonne zu sein, indem du dir genug Selbstfürsorge zukommen lässt und damit die Helligkeit und Wärme in dir weckst?

Solange du auch nur ein wenig Sonnenlicht erhältst, wirst du wachsen und gedeihen.

So mancher Spross ist von vielen weiteren Pflanzen umgeben, die zum Teil schon größer und sicherer stehen. Deren Blätterwerk ist ausladender als deines und sie stellen den kleinen Spross in den Schatten. Bewegst du dich oft im Schatten anderer und spürst Unsicherheit? Fühlst du dich gar minderwertig, weil du noch nicht so selbstbewusst und aufrecht stehst wie die großen Bäume um dich herum?

Wenn, dann ist es nicht schlimm. Versuch, zwischen den großen Bäumen standhaft zu bleiben und deine eigenen Sonnenstrahlen zu erhaschen, die sich trotzdem den Weg zu dir bahnen.

Dein Spross ist nicht weniger wert, nur weil er weniger Blätter hat oder noch nicht aufgeblüht ist. Er braucht nur etwas mehr Zeit – die darf er sich nehmen.

Lass dir nicht einreden, dass etwas nicht mit dir stimmt und dass du nicht so gut bist wie die großen Bäume. Lass dich nicht in den Schatten stellen, sondern strecke deine Blätter ins Sonnenlicht, genauso wie es die anderen automatisch tun. Du benötigst das Licht ebenso wie sie und du verdienst deinen Platz.

Der Spross braucht Luft zum Gedeihen. Bekommt er nicht ausreichend davon, dann fühlt er sich, als würde er ersticken. Er kann keinen Atem holen.

Fühlst du dich manchmal so, als würdest du von allem um dich herum erdrückt werden und als würde dir das den Atem rauben? Hast du den Eindruck, die großen Bäume um dich herum verbrauchen so viel davon, dass für dich letztendlich nicht mehr genug übrig bleibt?

Eventuell kennst du dieses Gefühl, doch eigentlich ist genug für alle da. Trau dich, nach Luft zu schnappen. Lass dir nicht die Luft zum Atmen nehmen.

Überdenke, ob du all die notwendigen Dinge in ausreichender Form erhältst oder ob dir manches verwehrt wird. Ein Spross, der nicht gegossen, gewärmt und beleuchtet wird und der nicht genug Luft bekommt, kann schlecht wachsen.

Ein solcher Spross zieht sich zurück, er fällt in sich zusammen. Traurig lässt er den Kopf hängen, während seine Blätter welken. Lass nicht zu, dass du verwelkst.

Lass deinen Kopf nicht hängen!

Ich verspreche dir: Du kannst Wachstum erfahren, egal, wie viel Zeit du dafür brauchst.

Sei jetzt ein stolzer Sprössling. Und eines Tages stehst du als stolzer Baum da. Dann besteht keine Gefahr mehr, dass dich jemand zertritt. Deine Wurzeln sind nun dick und standhaft. Du bist in deinem nahrhaften Boden so tief verankert, dass dich niemand einfach ausreißen kann. Dein Stamm ist stabil und bewegt sich weniger im Wind. Deine Blätterkrone ist ausladend und für jeden deutlich zu sehen. Du bringst Blüten oder Früchte hervor, an denen sich andere wiederum erfreuen.

Du bist ein Baum geworden, an dem sich ein anderer kleiner Spross orientieren kann, der sich genauso fühlt wie du zu Beginn – klein, unscheinbar, wertlos. Es ist gut, dass es jemanden wie dich gibt, der länger zum Wachsen gebraucht hat, denn du bist damit nicht allein.

Du machst jedem anderen Sprössling Mut, wenn er sieht, was aus dir geworden ist. Dein Weg vom zarten Spross zum starken Baum ist einmalig.

Ideenlos

J. J.

Ich sitze hier vor einem leeren Blatt und weiß nicht, wie ich anfangen soll … Es liegt nicht an Selbstzweifeln, es geht nicht darum, dass wir gerade am Anfang sind und aller Anfang schwer ist, sondern darum, dass ich keine Idee mehr habe.

Ich habe keine Idee, was ich schreiben könnte. Klar könnte ich mich hinsetzen und mich inspirieren lassen, aber … bin ich dann nicht genau wie die anderen?

All die Leute, die den ganzen Klischees hinterherrennen und damit unglaublich bekannt werden. Seien es kitschige Vampire, die in der Sonne glitzern, sei es eine „Krieg der Sterne"-Fanfiction oder auch die millionste Geschichte, in der ein Mädchen seine Eltern verliert und ein Popstar es adoptiert.

DAS sind keine Ideen. Das sind Trends.

Trends hinterherrennen kann jeder. Man nehme eine beliebte Formel, zusammengesetzt aus Drama, etwas Liebe und einem kleinen Hindernis und du hast einen Hit.

Doch all das sind keine Ideen … jede dieser Geschichten gab es schon tausende Male und es wird sie auch weitere tausende Male geben. Wirklich eigene Ideen zu entwickeln, eine Welt zu erschaffen, in der du sagen kannst: „Das habe ich gemacht", ist eine Idee. In diese Welt einen Protagonisten zu setzen ist eine Idee. Ihn in dieser Welt wundersame Dinge erleben zu lassen, ist eine Idee.

Und nicht nur hier sind Ideen wichtig … denn ein Kind zu bekommen, ist ebenso eine Idee.

Das ganze Leben lang formt man eine Welt, die die nächste Generation übernehmen kann. Dann setzt man vielleicht ein Kind in diese Welt und erlebt mit ihm gemeinsam wundersame Dinge.

Doch eine Idee kann noch so viel mehr sein. Ideen können auch unschöne Dinge sein. Jede Straftat beginnt mit einer Idee. „Ich habe zu wenig Geld, also raube ich eine Bank aus" wäre so eine Idee.

Wenn man sich einmal ansieht, was ich hier gerade geschrieben habe, könnte man meinen, so ideenlos wäre ich gar nicht, aber das ist anders. Ich habe hier nicht mehr als meine Ideen zusammengefa… Oh.

Gibt es so etwas wie Ideenlosigkeit vielleicht gar nicht? Gibt es immer eine Idee und man muss sie nur hervorkitzeln? Eine interessante Idee eigentlich, die es nur noch umzusetzen gilt.

Wenn ich doch nur eine Idee hätte, wie …

Ich habe Angst

M. M.

Worin besteht die Verbindung zwischen Spaß, Glück, Zweifel und Angst?

Alles ist etwas, was man haben kann. *Ich habe Angst.*

Doch genau genommen kann ich die Angst nicht „haben" – jedenfalls nicht im Sinne von „besitzen". Denn die Angst ist frei. Sie kommt zu mir, wenn ihr danach ist. Sie wartet irgendwo, bis ich auf einen Auslöser stoße, einen Triggerpunkt, der sie zum Vorschein bringt. Nicht immer bemerke ich den Auslöser bewusst – aber die Angst gibt den Hinweis, dass es einen gab.

Der Auslöser kann noch so unscheinbar sein: Ein Wort oder ein Geruch. Ein Bild oder eine Erinnerung. Ein Gedanke oder eine Situation. Eine Berührung oder eine Person. Manchmal bringt erst die Angst verzerrte Erinnerungen mit sich und streut sie mir scheinbar willkürlich ins Gehirn. Nur die Angst selbst weiß, warum sie gerade dieses Bild, diese Erinnerung mitbringt. Es hat eine Bedeutung, obwohl ich diese nicht immer sofort erkenne.

Und dann kriecht sie langsam in mich hinein, die Angst. Sie schubst mein Herz an, sodass es nervös und schnell klopft. Sie wirbelt in meinem Inneren umher, bis ich Übelkeit im Bauch wahrnehme.

Sie drückt mir den Hals zu, bis es sich so anfühlt, als könne ich nicht atmen. Sie lässt mich zittern … manchmal beschränkt sie sich dabei auf die Hände, manchmal breitet sie sich im ganzen Körper aus und ich habe Mühe, die Kontrolle zu behalten.

Die Angst kann meine Sinne und meinen Geist schärfen, aber sie kann mich stattdessen genauso in eine starre Salzsäule verwandeln.

Da wird die Angst zur Panik.

Die Angst hat alle Freiheiten. Sie gehört mir nicht allein, sondern der ganzen Welt. Besser gesagt gehört sie damit niemandem. Sie tut, was sie will, geht wohin und zu wem sie will.

Sie kennt keine Grenzen. Angst ist tolerant. Sie besucht jeden Menschen und sieht keinen Unterschied zwischen Kultur, Hautfarbe, Alter oder Geschlecht. Jeder kennt die Angst. Du und ich.

Die Angst ist frei … damit kann ich mir sicher sein, dass sie nicht bleiben will. Nach einer Weile hat sie genug von mir und verlässt mich, zieht wieder weiter ihre Runden. Wenn die Angst geht, bleibt Unsicherheit. Erschöpfung. Verwirrung. Gleichgültigkeit. Aber möglicherweise auch Stolz, weil ich eine Herausforderung überstanden habe, wenn ich in meiner Angst aktiv geworden bin.

Manchmal kommt die Angst sehr schnell wieder. Ich bekomme Angst vor der Angst. Doch im Grunde weiß ich, dass das reine Angstgefühl mir nichts Böses will.

Angst ist nichts Endgültiges.

Sie kommt.

Sie geht.

Die größte Stadt der Welt

J. J.

Warst du schon mal in der Stadt unterwegs? Vermutlich schon. Wenn du dort entlang gelaufen bist, ist dir sicher aufgefallen, dass es viele verschiedene Geschäfte gibt. Von Essen bis Kleidung findest du da eigentlich alles. Man trifft viele verschiedene Leute und neben den Leuten natürlich auch eine ganze Menge Werbung.

Außerdem sollte man immer gut aufpassen, wo man hinläuft. Man kann sich ganz schnell verirren und in einer dunklen Gasse landen, in der eventuell nicht ganz legale Geschäfte ablaufen. Eventuell triffst du in der Stadt ja ein paar Leute, die Musik oder andere coole Dinge machen. Das Ganze kommt dir doch sicher bekannt vor?

Wenn wir mal überlegen … Es gibt noch einen anderen Ort, wo man alles Mögliche einkaufen kann. Man kann jeden Tag auf mehrere Milliarden Menschen treffen und noch mal auf die doppelte Menge an Werbung. Man kann eine Menge Unterhaltung finden, aber auch illegale Geschäfte … Klingt nicht nur nach einer Stadt, sondern ebenso nach dem Internet, oder?

Wenn wir das Ganze mal etwas genauer durchgehen: Im Internet gibt es so ziemlich alles, was man braucht. Es gibt Läden, die alles von einem Set mit Nägeln bis hin zu Babykleidung und kaufbarem „Nichts" anbieten. Genauso hast du die Möglichkeit, dort all deinen Schrott zu verkaufen. Klingt sehr nach einem A&V, oder?

Wenn wir etwas weitergehen, haben wir die sozialen Medien. Sie agieren mehr oder weniger als Stadtmitte, denn sie bilden die Mitte des Internets. Der Punkt, an dem sich alle Menschen treffen, um abzuhängen.

Dort kommt es natürlich auch zu Auseinandersetzungen, wie es im Internet üblich ist … doch das gibt es ja in einer normalen Stadt leider genauso. Dann ist natürlich die Werbung nicht zu vergessen. Kaum eine Seite kommt ohne Werbung aus.

So kann man es in der Stadt auch oft beobachten. Kaum ein Geschäft macht keine Werbung. Und die, die es ohne schaffen, sind entweder so klein, dass sie es sich leisten können mit den Kunden, die sie haben, oder sie sind einfach zu klein und können sich die Werbung schlichtweg nicht leisten.

Im Internet ist es eben so, dass man die Werbung nicht braucht, weil man gar nicht viele Leute erreichen möchte oder sich die Werbung schlichtweg nicht leisten kann.

Ein kleiner Blick auf eine der vielen Videoplattformen zeigt wiederum gut, dass man mit Unterhaltung Geld machen kann. So geschieht es auch in Städten.

Nicht selten sieht man dort Personen, die für andere Leute Unglaubliches machen. Sie spielen wunderschöne Lieder oder zeigen coole Tricks, für die man gerne etwas Geld da lässt.

Trotzdem sollte man aufpassen, wo genau man sein Geld lässt. Wenn man sich in der Stadt verirrt, kann man schnell mal in einer dunklen Gasse landen, in der einem illegale Dinge verkauft werden und sowas geht leider ebenfalls im Internet – im so genannten Darknet.

Doch wie in einer echten Stadt wird natürlich auch im Internet dagegen vorgegangen.

Zwar gibt es keine richtigen Polizisten, aber sogenannte Moderatoren, die alles auf illegale Inhalte überprüfen, so wie es die Polizei in einer echten Stadt machen würde.

Im Nachhinein könnte man sagen, das Internet ist mehr als nur eine Stadt. Ja, sogar mehr als eine Großstadt.

Das Internet ist die größte Stadt, die der Mensch je geschaffen hat.

.

Ausreichend

M. M.

Versetz dich in folgende Situation: Du sitzt in einem Klassenzimmer und wartest darauf, dass der Lehrer die letzte Schulaufgabe zurückgibt. Dir ist gleichzeitig kalt und heiß. Du bist nervös, denn beim Schreiben dieser Klassenarbeit warst du unsicher.

Endlich legt dir die Lehrkraft deine Arbeit hin. Obendrauf prangt eine dicke, rote Vier. Innerlich brichst du zusammen, fühlst dich schlecht; bist wütend auf dich selbst und enttäuscht von dir. Warum?

Das Notensystem sagt, eine Vier ist nicht gut. Die Gesellschaft denkt so. Das Umfeld erwartet Leistung. Einsen und Zweien. *Sehr gute* Leistung. *Gute* Leistung.

Eine Drei bedeutet für viele „Naja, geht gerade noch." Sie steht für *befriedigend* – „Damit kann man sich zufrieden geben, wenn's sein muss."

Aber die Vier? Was denkst du, wenn du sonst immer nur Bestnoten von dir erwartest?

„Ich habe mich nicht genug vorbereitet. Ich habe das Thema nicht begriffen. Ich bin dumm. Ich habe versagt. Ich kriege nichts auf die Reihe."

Stimmt das wirklich?

Die Vier sagt: „Ausreichend". Warum also der negative Ruf? Was ausreicht, ist in Ordnung. Wenn etwas ausreicht, ist es genug. Dann hat deine erbrachte Leistung ausgereicht. Du hast dich ausreichend vorbereitet. Du bist nicht schlecht. Was du abgeliefert hast, war das Beste, was du an dem Tag geschafft hast – und es war *ausreichend*.

Warum also streben wir danach, immer *sehr gut* zu sein? *Herausragend*?

Das ist, als würdest du rund um die Uhr versuchen, an eine hohe Zimmerdecke zu springen. Es ist anstrengend und irgendwann geht dir die Puste aus. Dann liegst du auf dem Boden, weil du vor Erschöpfung nicht mehr kannst. Aber du willst es trotzdem schaffen ... und das setzt enorm unter Druck. Wieso sollten wir etwas anstreben, was uns auf Dauer kaputt macht?

All das bezieht sich nicht nur auf das Notensystem und die schulischen Leistungen. Egal, was wir anpacken – am besten soll immer alles *hervorragend* sein. Das macht uns stolz, das bringt Anerkennung.

Vielleicht muss sich an der Denkweise der Gesellschaft etwas ändern. Vielleicht sollte es in mehreren Lebensbereichen erstrebenswert sein, ausreichend zu geben und sich zu erlauben, darauf genauso stolz zu sein.

Immer sein Bestes – und das *reicht aus*. Es kann sein, dass überraschenderweise doch mehr geschafft wird als gedacht, wenn man einen besonders guten Tag hatte. Dann ist es möglich, sich darüber zu freuen.

Strebt man aber gleich nach dem höchsten Ziel, ist die Enttäuschung nur umso größer, wenn es nicht erreicht wird ... obwohl es genau genommen immer noch ausreichend ist.

Du und ich: Lass uns nicht dem Druck der Gesellschaft verfallen. Genug mit dem Druck – es reicht.

Lass uns einfach *ausreichend* sein.

Ausreichend reicht aus.

Gefühle

J. J.

Gefühle ... wir alle haben sie. Einige hassen sie und einige lieben sie, doch kann man überhaupt Gefühle für Gefühle haben? Kann man Liebe hassen? Kann man Hass lieben?

Kann man eifersüchtig auf Freude sein und sich über Eifersucht freuen? Kann man sicher sein, dass man wütend ist und Wut für Sicherheit verspüren?

All diese Fragen sind für jeden vermutlich anders beantwortbar. Das Wichtige hierbei ist, zwischen eigenen und fremden Gefühlen zu unterscheiden.

Also fragen wir das Ganze mal etwas anders: Kann man es hassen, dass sich andere lieben und es lieben, wenn sich andere hassen? Kann man eifersüchtig sein, wenn andere Freude haben und Freude empfinden, wenn andere auf dich eifersüchtig sind? Kann man wütend sein, wenn jemand anderes sicherer ist als du und kann man sich sicher fühlen, wenn jemand anderes wütend ist?

Diese Fragen können, denke ich, schon eher beantwortet werden. „Kann man es hassen, wenn sich andere lieben?", ist Frage Nummer eins. Eigentlich ist das nicht mal schwer.

Nehmen wir an, du bist unsterblich verliebt und dein bester Freund weiß das. Und jetzt schnappt er sich die Person, für die du lebst. Für die du nichts als Liebe fühlst.

Dann fühlst du was? Genau, du fühlst Hass. Du hasst es, dass du dich nicht eher getraut hast, was zu sagen. Du hasst deinen Freund dafür, dass er dir deine Liebe des Lebens geklaut hat.

Doch wie ist es andersrum? Gehen wir doch direkt mal in die Sicht deines Freundes. Er wird das Ganze nicht grundlos gemacht haben. Wenn es eine falsche Freundschaft ist, wird er dich vermutlich damit ärgern wollen. Heißt, er wollte dich extra wütend machen. Er wollte, dass du ihn hasst. Heißt, in dem Moment liebt er es, wie du ihn hasst.

Damit haben wir die ersten beiden Fragen auch schon beantwortet und vier warten noch auf uns.

Kommen wir direkt zur nächsten Frage: Kann man Eifersucht verspüren, wenn andere sich freuen? Gehen wir hier wieder in das Szenario von gerade.

Gehen wir davon aus, dein Freund hat dieses Mädchen nicht ausgeführt, sondern ihr seid zu dritt auf einer Party. Die beiden tanzen gerade, während du an der Bar sitzt und den beiden zusiehst. Du spürst genau, wie gerne du jetzt mit ihr tanzen würdest, doch die beiden lassen sich nicht stören, denn sie haben ihren Spaß. Doch jetzt drehen wir das Ganze schon wieder um.

Gehen wir von einem ähnlichen Szenario aus. Du weißt, was zwischen deinem Freund und der Freundin passiert ist, sie wissen das aber nicht. Sie denken, du weißt nur, dass die beiden normale Freunde sind. Wenn diese Freundin plötzlich mit dir flirtet, was fühlt der Freund dann wohl? Er wird vermutlich Eifersucht spüren.

Und du? Du freust dich, weil du das Mädchen deiner Träume nun für dich hast. Du freust dich also darüber, dass jemand eifersüchtig ist. Und damit kommen wir auch schon zu den letzten beiden Fragen: Kann man wütend sein, wenn jemand sicherer ist als du?

Wir wechseln das Szenario erst gar nicht, sondern bleiben bei dir und deinem Freund. Er ist sich sehr sicher, dass er diese Freundin von sich überzeugen kann und diese Sicherheit verunsichert dich nicht nur, sie macht dich sogar wütend. Dass er so vor dir mit seiner Sicherheit angibt, macht dich wütend, wenn nicht noch mehr als das. Doch was wäre andersrum? Was, wenn du ihm sagst, dass du das nicht möchtest, weil er ja weiß, wie lange du sie schon liebst … Was wäre dann?

Er würde vermutlich wütend sein, weil er sie genauso liebt, doch du wärst erst einmal sicher, dass du die Chance hast, sie von dir zu überzeugen.

Jetzt sind wir alle sechs Fragen tatsächlich durchgegangen, doch eine Frage blieb dabei immer offen: Wie fühlt sich eigentlich die Freundin dabei?

Wir haben jetzt nicht wenige Gefühle durchgekaut, doch sie haben wir ganz vergessen.

Sie fühlt vermutlich Unsicherheit. Sie ist unsicher, was los ist. Sie ist unsicher, wer sie nun liebt. Wen sie lieben soll. Sie ist unsicher, wer sauer auf wen ist.

Unsicher, wer auf wen eifersüchtig ist. Unsicher, wer sie mehr hassen wird, wenn sie sich für den anderen entscheidet. Sie ist unsicher über die Sicherheit der beiden.

Sie ist sich unsicher über die Gefühle der anderen, während sie selbst nur das eine Gefühl plagt:

Die Liebe.

Perfektion

M. M.

Ich bin nicht klug genug. Nicht interessant genug. Nicht schön genug. Nicht dünn genug. Nicht kontrolliert genug. Nicht wertvoll genug. Nicht stark genug. Nicht mutig genug. Nicht talentiert genug. Nicht lustig genug. Nicht lebhaft genug. Nicht wichtig genug.

Ich bin nicht perfekt genug.

Einfach … *nie genug*.

Kennst du solche Sätze? Den einen oder anderen haben wir alle vielleicht schon von jemandem gesagt bekommen. Aber was noch schlimmer ist: Viele davon sagen wir uns ständig selbst.

Wir halten uns für unperfekt – und genau das sind wir auch. Jeder ist das, denn perfekt gibt es nicht.

Warum sind wir dann unzufrieden, wenn wir uns als *unperfekt* bezeichnen … wo wir es doch sind?

Wir haben Ideale in unserer Gesellschaft, denen wir nachstreben, die sich auf innere und äußere Werte beziehen. Diesen Idealen wird nachgesagt, perfekt zu sein.

Perfekt sein – das klingt so perfekt. Ein perfektes Leben haben. Den perfekten Beruf. Das perfekte Aussehen. Die perfekten Freunde. Einen perfekten Alltag. Das würde bedeuten, immer glücklich zu sein. Das Leben wäre ein Traum. Oder etwa doch nicht?

Perfekt klingt zu schön, um wahr zu sein. Deshalb existiert es auch nicht.

Diese Ideale – wer hat sie bestimmt? Meine Antwort lautet: Sie stammen *nicht* von einer Person, die behauptet hat: „Ich erfülle jedes Kriterium, ich bin in jedem Lebensbereich perfekt. Danach sollen alle streben. *Ich* bin das Ziel, das alle erreichen möchten. *Ich* bin der perfekte Mensch und wer so ist, wird glücklich sein."

Nein, diese hochgesteckten, unerreichbaren Ideale entwickelten sich durch viele Menschen, in deren Köpfe der Kern der anfangs genannten Sätze feststeckt: „Ich bin nicht genug."

Diese vielen Menschen haben den Wunsch, anders zu sein. Immer besser zu werden. Sie denken, immer mehr erreichen zu müssen. Sie sehnen sich danach, an den Punkt zu gelangen, an dem sie nicht mehr an sich arbeiten müssen, weil sie die bestmögliche Version von sich geworden sind und in allen Bereichen nichts Perfekteres mehr zu erwarten ist.

Was sagt es uns dann, dass alle Menschen irgendwelchen Idealen hinterherjagen? Dass scheinbar niemand perfekt ist – sonst gäbe es Menschen, die nichts anstreben wollen, was unerreichbar ist. Wenn du jetzt sagst: „Die gibt es aber!", dann stimme ich dir trotzdem zu.

Ja, es gibt die seltenen Personen, die sich nicht an Idealen orientieren. Aber das liegt nicht daran, dass sie das Ideal erreicht haben, sondern daran, dass sie erkannt haben, dass das Ideal unrealistisch ist. Deshalb haben sie sich damit abgefunden, so zu sein, wie sie sind. Mit all ihrem Unperfektsein.

Diese Menschen ruhen in ihrer eigenen Mitte, weil sie sich mit allen Makeln annehmen und sich nicht verbiegen lassen. Sie fühlen sich genug.

Macht sie das nicht eigentlich perfekt? Denn dann sind sie an einem Punkt, an dem sie die beste Version von sich sind. Einfach sie selbst.

Ist es nicht das, was wir anstreben sollten? Das wäre zumindest ein Ziel, das erreichbar wäre. Zwar nur mit harter Arbeit an sich selbst, aber es lohnt sich.

Bis dahin bleibe ich dabei: Perfektion ist unmöglich. Die scheinbar perfekten Menschen sind auf ihre Weise genauso unperfekt wie du und ich. Aber jeder kann in seinen eigenen Unperfektheiten perfekt sein. Demnach ist entweder jeder perfekt oder niemand – es läuft auf dasselbe hinaus. Wir sind alle genug, so wie wir sind.

Wenn dir das nächste Mal durch den Kopf geht, dass du nicht genug bist, dann widersprich dir.

Denn du *bist* genug.

Klammere dich nicht an ein Ideal. Sei dein *eigenes* Ideal. Deine perfekten Unperfektheiten hast nur du. Sei stolz darauf.

Sag dir selbst: „In meinem persönlichen Unperfektsein bin ich perfekt."

Der Garten

J. J.

Weit verborgen liegt ein Garten. Ein Garten, den keiner finden kann außer dir. Sicher wirst du dich fragen: „Ich? Wieso ausgerechnet ich?" Lass mich dir erst einmal erklären, wie der Garten aussehen wird.

Um ihn herum werden sicherlich einige Bäume stehen. Sie mögen vielleicht noch klein sein, doch sie werden dort stehen. Vielleicht wirst du in der Nähe ein paar Obstbäume sehen. Es kann sein, dass sie entweder blühen oder verderben … das hängt völlig von dir ab.

Des Weiteren ist es nicht unwahrscheinlich, dass in dem kleinen Teich Fische schwimmen. Vielleicht sind es ein paar, vielleicht sind es sogar ein paar zu viele – das wirst du herausfinden müssen.

Logischerweise wirst du Wasser in dem Teich finden, doch wie hell und klar das sein wird, weiß ich nicht. Das kannst nur du wissen.

Ich bin mir sicher, das hilft dir, den Garten zu finden, aber vielleicht sollte ich dir noch den Namen des Gartens sagen. Denn tatsächlich heißt er genau wie du. Ja, der Garten trägt deinen Namen. Solltest du ihn jetzt noch immer nicht finden, dann liegt es wohl daran, dass das Tor zur Außenwelt geschlossen ist. Dann musst du dieses Tor finden und öffnen.

Wie dieses Tor aussieht? Ganz einfach: Ein großes Wort ziert den Torborgen und zwar „Toleranz".

Wenn du dein Herz der Außenwelt öffnest, wenn du offen gegenüber Neuem bist, dann wirst du auch den

Garten finden. Denn der Garten trägt nicht nur deinen Namen, sondern er *ist* du.

Die Bäume, die hier stehen, haben alle mal mit einem Samen angefangen. Jemand Fremdes hat sie gepflanzt, damit aus ihnen etwas Großes wird. Diese Samen waren Dinge wie das Sprechen- und Lesenlernen und aus ihnen sind in den meisten Fällen große Bäume geworden. Wie sehen deine Bäume aus? Hast du eventuell besondere Bäume für ein Instrument oder andere Dinge?

Die Obstbäume im Speziellen haben deine Eltern mit deiner Erziehung gepflanzt. Die Früchte, die sie tragen, können süß sein und anderen Freude bereiten. Sollten die Früchte der Bäume allerdings faulig sein, bereiten sie nur schlechte Laune oder machen andere vielleicht sogar krank. Wie ist es mit dir? Verbreitest du eher gute Laune oder sind Leute eher genervt von deiner Art? Machst du Menschen vielleicht sogar psychisch krank?

Der kleine Teich wiederum ist dein Freundeskreis. Dieser ist entweder klein mit wenigen Fischen oder sehr groß mit vielen Fischen. Wie ist es bei dir? Hast du ein paar sehr gute Freunde, denen du alles anvertraust? Oder hast du viele Freunde, denen du allen ein wenig anvertrauen kannst, die aber alle wie ein großer Freund wirken?

Ist das Wasser in diesem Teich hell oder dunkel? Hell würde bedeuteten, du bist glücklich. Dunkel und trüb, dass du traurig bist.

Wie sieht dein Teich aus? Und wenn er dunkel ist, helfen dir dann die Fische?

Wichtig zu sagen ist, dass ich nicht weiß, wie dein Garten aussieht, denn schließlich ist es deiner. Vielleicht überlegst du dir, wie er aussehen könnte.

Vielleicht lässt du ja mal jemanden deinen Garten besuchen, aber dafür ist eine Sache ganz wichtig:

Lass das Tor der Toleranz immer geöffnet, egal wie schwer es fallen mag.

Stilles Wasser

M. M.

Heute schreibe ich über Wasser. Stilles Wasser, um genau zu sein. Was zeichnet stilles Wasser aus? Klar – die Stille. Stilles Wasser ist unauffälliger als Wasser, das vor Kohlensäure nur so strotzt und bei dem ständig etwas an die Oberfläche blubbert.

Viele bevorzugen dieses Sprudelwasser, weil es spannender wirkt, obwohl es letztendlich auch nur Wasser ist. Der Sprudel macht es peppig und lebendig. Ob Medium oder mit richtig viel Sprudel: Die meisten Leute haben eine sehr hohe Meinung davon.

Versteh mich nicht falsch – Sprudelwasser ist etwas Tolles. Nur wird dabei leider oft die Wichtigkeit von stillen Wassern untergraben. Stilles Wasser gilt schnell als langweilig. Aber ist das tatsächlich der Fall?

Du hast sicherlich längst durchschaut, dass ich das Wasser als Metapher für die Menschen verwende, nicht wahr? Falls nicht, dann lies dir den bisherigen Text nun ein zweites Mal durch, diesmal mit dem dazugewonnenen Wissen.

Im Folgenden konzentriere ich mich weiter besonders auf die stillen Wasser, denn im Leben sind sie oft diejenigen, denen am wenigsten Aufmerksamkeit geschenkt wird. Dabei verdienen sie die gleiche Aufmerksamkeit wie Sprudelwasser.

Stille Wasser sind ganz und gar nicht öde, nur weil sie die Stille als Hauptmerkmal in sich tragen. Durch ihre

Stille haben sie ganz besondere Eigenschaften, die man aber eben nicht sofort nach außen hin sieht.

Stille Wasser sind Beobachter. Sie nehmen Details in ihrer Umgebung wahr, die anderen nicht auffallen. Ein stilles Wasser kann sich deshalb an Dingen erfreuen, denen andere nicht einmal Beachtung schenken. Es kann aber auch über etwas traurig sein, was andere überhaupt nicht wahrgenommen haben. Diese Sensibilität ist es, die stille Wasser auszeichnet. Das ist heutzutage eine unterschätzte Fähigkeit.

Stille Wasser geben sich nicht mit der Oberfläche zufrieden, denn sie merken schnell, wenn etwas im Verborgenen liegt. Stille Wasser tasten sich vor bis an den Grund. Sie möchten die Menschen in ihrem Kern sehen, auf der Suche nach Gleichgesinnten.

Aus stillen Wassern sprudelt nicht sofort ihre Meinung zu jedem Thema. Das macht sie zu aufmerksamen Zuhörern und damit zu sehr angenehmer Gesellschaft.

Stellt euch vor, alle gleichzeitig würden übersprudeln: Wer würde jemandem Beachtung schenken? Dazu braucht es die stillen Wasser.

Stille Wasser sind ruhig und oft zurückgezogen, müssen aber nicht gleichzeitig schüchtern sein.

Sie sind manchmal nur äußerlich still – in ihren Gedanken sprudelt es gewaltig. Stille Wasser brauchen Zeit für sich allein, um die innere Kohlensäure zu sortieren. Und wenn sie unter den richtigen Menschen sind, können sie durchaus anfangen, so richtig zu sprudeln.

So manches stille Wasser ist unsicher. Unsicher, weil es sich neben den Sprudelwassern abgewertet fühlt. Weil seine Fähigkeiten in der heutigen Welt weniger gesehen werden. Weil stillen Menschen oft gesagt wird, sie müssten „mehr aus sich raus kommen".

Damit wird ihnen vermittelt, dass sie sich verändern müssen. Dass es nicht nützlich ist, wie sie von Natur aus sind. Dass sie als Sprudelwasser mehr Erfolg im Leben hätten.

Aber ganz ehrlich: Ich möchte in keiner Welt leben, die nur aus Sprudelwasser besteht.

Ich mag das stille Wasser. Ich bin selbst eines.

Urteile nicht über die Stille der stillen Wasser. Zwing sie nicht zum Sprudeln, um sich anzupassen. Stilles Wasser und Sprudelwasser sind gleichwertig.

Lass das stille Wasser still sein – es hat seinen Grund, warum es so ist.

Nicht umsonst sagt man: *„Stille Wasser sind tief."*

Schach

J. J.

„Springer auf E5", sage ich und stelle ihn auch genau so. Mein Gegenüber muss sich seine Niederlage eingestehen.

„Noch eine Runde?", fragt mein Gegenüber und wir bauen die Figuren auf. Dabei bemerke ich erst einmal, was die einzelnen Figuren für eine Bedeutung haben könnten.

Wenn wir davon ausgehen, dass du der König bist, wie stehen dann die einzelnen Figuren zu dir? Gehen wir das Ganze mal durch. Fangen wir mit der vordersten Reihe an.

Die Bauern – was sind sie für den König? Dieser schickt in vielen Fällen seine Bauern nach vorne, um die Gegend auszukundschaften. Sie sollen für ihn schauen, wie die Lage ist und im besten Fall dabei den ein oder anderen Bauern des Gegners aus dem Spiel entfernen.

Das sind die Bauern für den König, doch was sind sie für dich? Am ehesten vielleicht gute Bekannte, eventuell sogar Freunde. Ganz oft, wenn man mit Freunden unterwegs ist, fühlt man sich unterstützt und ist eher gewillt, sich etwas zu trauen. Man schickt mehr oder weniger seine Freunde vor, um selbst nicht so alleine zu sein.

Solltest du mal in eine kleine Streitigkeit geraten, sind deine Freunde außerdem für dich da und helfen dir dabei, diese aus dem Weg zu schaffen.

Als Nächstes kommen schon die Springer. Ein Springer wird von manchen Spielern als erstes gespielt. Er kann sich etwas freier bewegen als die Bauern, aber ist auch oft schwer zu kontrollieren. Der König setzt größeres

Vertrauen in das oft übersehene Bewegungsmuster des Springers als das simple des Bauers.

Und jetzt übertragen wir das auf dich. Ein Springer ist vermutlich ein wenig mit der Karriere zu vergleichen. Einige ziehen im Schachspiel des Lebens die Karriere den Freunden vor. Die Karriere kann sich etwas freier ausbreiten, da man sich selbst aussuchen kann, in welchem Gebiet man gerne erfolgreich wäre, doch es ist schwer zu kontrollieren, ob es nun funktioniert oder nicht.

Sie setzen großes Vertrauen in den Erfolg durch die oft übersehenen Trends, denen man folgen kann.

Neben dem Springer darf man aber auch den Läufer nicht vergessen. Der Läufer ist noch mal etwas beweglicher als der Springer, aber leichter vorherzusehen. Der Läufer wird oft genutzt, um in einem Zug schnell bis zum Gegner zu kommen. Ich bin mir sicher, du weißt bereits, was der Läufer ist: Deine eigene Zielstrebigkeit.

Wenn du sehr zielstrebig in deinem Leben voranschreitest, dann bist du zwar vorhersehbarer als manch andere Person, aber du bist auch schneller am Ziel.

Du gehst zielstrebig darauf zu und gibst nicht auf, bis du dort bist, genau wie es der Läufer macht. Du hast eine Sache in deinem Kopf – das ist dein Ziel, das du erreichen möchtest.

Als Nächstes kommen wir schon zu den Türmen und nähern uns dem Ende des Aufbauens. Die beiden Türme stehen links und rechts vom König und beschützen ihn. Sie schrecken aber auch nicht davor zurück, anzugreifen.

Im Gegensatz zu den meisten anderen Figuren bewegt sich der Turm nur in einer geraden Linie und ist somit ein wenig wie der Bauer, nur um einiges stärker. Wenn wir das jetzt einmal umwandeln, sehen wir da sicher einen Vergleich … zu deinen Eltern bzw. deinen wichtigsten Bezugspersonen. Deine Eltern stehen dir immer zur Seite und selbst wenn es mal anders zu sein scheint, sind sie für dich da und beschützen dich vor allen Gefahren und greifen sogar an, wenn es sein muss. Zu ihnen hast du mit das größte Vertrauen. Es ist eben stärker als das zu deinen Freunden.

Deine Eltern arbeiten außerdem wie ein Turm extra zielstrebig, damit du deine Ziele erreichen kannst.

Als Vorletztes haben wir dann die Dame. Die Dame ist für den König mit der größte Schutz und gleichzeitig der größte Angriff. Sie ist am beweglichsten und mit das Wertvollste, was der König hat.

Ohne die Dame ist der König sehr verloren … er kann zwar auch ohne sie gewinnen, aber trotzdem wäre es besser, wenn sie bei ihm wäre.

Ist dir schon bewusst geworden, was die Dame ist? Genau … sie ist dein Selbstvertrauen. Das Wichtigste und Wertvollste, was du hast. Dein Selbstvertrauen ist dein eigener größter Schutz vor Selbstzweifeln und greift diese auch aktiv an. Ohne dein eigenes Selbstvertrauen kannst du zwar durchs Leben schreiten, doch mit Selbstvertrauen ist alles am Ende einfacher.

Kommen wir nun zur letzten und wichtigsten Figur.

Dem König, oder wie die ganze Zeit schon gesagt … zu dir. Ohne den König kann kein Spiel anfangen und kein Spiel enden. Ohne den König hätte dein Gegenüber niemanden, mit dem es sich messen kann. Ohne den König haben die ganzen anderen Figuren keine Aufgabe.

Ohne dich kann das Spiel deines Lebens nicht anfangen und nicht enden. Ohne dich hat dein Gegenüber niemanden, mit dem es gemeinsam Spaß haben kann.

Ohne dich hätten deine Freunde einen Freund weniger; es gäbe niemanden, der Karriere macht und neue Trends setzt.

Deine Zielstrebigkeit hätte niemanden, den sie leiten kann, deine Eltern niemanden, den sie lieben wie das eigene Kind und dein Selbstbewusstsein niemanden, den es stärken kann.

Deswegen nimm teil. Nimm am Spiel des Lebens teil und gib nicht auf. Spiel es, bis es von alleine zu Ende geht. Das Spiel des Lebens ist zu wertvoll, um es aufzugeben.

Fata Morgana

M. M.

Ich befinde mich mitten in der Wüste, ganz allein. Weit und breit sehe ich nur sandige Dünen. Inzwischen irre ich schon lange hier umher; der Sand brennt unter meinen Füßen genauso wie die Sonne, deren Strahlen erbarmungslos auf meinen Kopf einstechen.

Die Hitze erschlägt mich und zwingt mich beinahe in die Knie. Sand. Überall. Ich kann nicht mehr.

Mir fehlt die Kraft, weiterzugehen. Am liebsten würde ich schreien, doch meine Kehle ist wie ausgedörrt und ich bin mir sicher, nicht einen einzigen Ton herauszubekommen. Außerdem … es ist niemand in der Nähe, der meinen Hilferuf vernehmen könnte.

Mein Leben scheint zu verdunsten wie der Schweiß auf meiner Haut. Ich bin verloren.

Doch … was ist das?

Mit zitternder Hand schirme ich die Augen ab und blinzle angestrengt gegen die Helligkeit an. Mein Herz macht einen Satz.

Dort, gar nicht weit von meinem Standpunkt, sehe ich Wasser. Es ist eine Oase. Die Oase, die mir das Leben retten wird – wenn ich dorthin gelange, ehe ich vor Hitze mit der Wüste verschmelze.

Mühsam gehe ich weiter. Mit jedem Schritt muss ich mich mehr konzentrieren, weil meine Beine nachzugeben drohen. Doch ich kämpfe weiter. Das Wasser ist das Einzige, wodurch ich wieder Energie gewinnen kann, die ich brauchen werde, um aus der Wüste zu entkommen.

Wie weit bin ich vorwärts gekommen? Ich sehe auf. Die Oase scheint kein bisschen näher gekommen zu sein.

Scheinbar bin ich nicht so lange gelaufen wie ich dachte. Ich muss weiter. Ich muss ... denn wenn ich jetzt eine Pause einlege, werde ich nicht mehr aufstehen können. Weiter. Ein Schritt nach dem anderen.

Die Minuten verstreichen – oder sind es Stunden? Ich erkenne keinen Unterschied mehr, mein Zeitgefühl ist längst verloren. Wie lange bin ich überhaupt schon in dieser trockenen, sandigen Einöde? Eigentlich sollte ich inzwischen bei der Oase angekommen sein, oder nicht?

Sie ist dort, ganz in der Nähe, ich sehe sie doch! Diese wunderschöne Oase lockt mich an, sie winkt mir förmlich zu mit den Palmen, die sich sanft bewegen ... mit dem Wasser, das verlockend glitzert. Ich möchte nichts lieber als hineinzutauchen, vor der Hitze zu fliehen, meinen entsetzlichen Durst zu stillen und im kühlen Schatten der Palmen auszuruhen.

Die Oase scheint das zu wissen. Sie präsentiert sich mir in voller Pracht. Trotzdem ist es, als würde sie mich ver-spotten, indem sie sich immer weiter von mir entfernt, je näher ich komme. Sie belächelt mich wohl.

Es scheint der Oase zu gefallen, dass ich sie gerade als mein Zentrum betrachte, um das sich alles dreht. Sie fühlt sich mir überlegen; sie sonnt sich in dem Glanz, dass da jemand ist, der besessen von ihr ist. Aber eigentlich ... bin ich der Oase völlig egal. Sie braucht mich nicht, um zu existieren – ich dagegen denke, dass mein Überleben von ihr abhängt.

Doch warum kommt die Oase mir nicht näher, obwohl ich mich so abmühe und meine letzten Kräfte darauf verwende, sie endlich zu erreichen?

Die Luft flimmert, das Bild vor mir verschwimmt. Ich kneife die Augen zusammen. Und ohne Vorwarnung verblasst die Oase. Da ist nur noch trockener, heißer Sand, wie überall sonst.

Auf einmal fällt es mir wie Schuppen von den Augen. Es war eine Fata Morgana. Nur ein Trugbild. Mir wurde etwas vorgegaukelt ... und weil ich so fixiert darauf war, habe ich nicht erkannt, dass meine Besessenheit nutzlos war. Das war kein Lebensretter, sondern nur eine Luftspiegelung.

Vor Enttäuschung zieht sich mein Hals zusammen. Hätte ich noch genug Flüssigkeit in mir, würde ich anfangen zu weinen, doch ich fühle mich wie ausgetrocknet. Leer und hoffnungslos, weil mir meine einzige Chance des Überlebens einfach genommen wurde.

Verbittert frage ich mich, ob die Fata Morgana absichtlich ihren Spaß mit mir getrieben hat. Zu sehen, wie ich sie bewundere, mich völlig von ihr abhängig mache und dann ... verschwindet sie. Ich habe etwas gesehen, das nicht echt war.

Entmutigt falle ich rücklings in den Sand. Hoch über mir kreisen einige Geier, die nur darauf warten, dass es mit mir zu Ende geht. Sie wissen, dass ich nicht mehr lange kann.

Ich schließe die Augen, während mein bisheriges Leben wie ein innerer Film abgespult wird.

Wie oft gab es dabei Situationen, in denen ich Trugbildern nachgejagt bin? Menschen, zu denen ich aufschließen wollte und denen es gefiel, dass ich sie bewunderte … aber denen ich nicht so wichtig war, dass sie sich die Mühe gemacht hätten, mir von sich aus näherzukommen? Menschen, für die ich alles gegeben habe und die mich dennoch kaputt gemacht haben, weil sie unerreichbar blieben und irgendwann verschwanden, als ich am Boden war?

Situationen, in denen mir etwas vorgegaukelt wurde, das nicht echt war? Es gab Lügen, die mir erzählt wurden und denen ich Glauben schenkte, doch eigentlich waren es Trugbilder ohne Bedeutung. Es gab Verhaltensmuster, die mir vorgetäuscht hatten, sie wären mein Zentrum und meine einzige Hilfe. Früher habe ich nicht erkannt, wie toxisch all das war.

Meine Augenlider flattern auf, als eine sachte Brise meine Wange streift, so als wolle sie mich anstupsen. Erschöpft drehe ich den Kopf. Beinahe traue ich meinen Augen kaum: Da ist eine andere Oase.

Mein Atem geht etwas schneller. Was soll ich tun?

Ich wurde bereits so sehr getäuscht … was, wenn es wieder passiert? Aber es könnte meine letzte Chance sein, zu überleben … Wie zur Bestätigung krächzen die Geier über mir.

Als hätte mich das aus dem Delirium geholt, kratze ich das letzte bisschen Kraft zusammen, das ich noch spüre. Ich muss es versuchen. Wenn diese Oase real ist, rettet sie mir das Leben. Ist sie auch nur eine Fata Morgana, dann habe ich es aber wenigstens versucht.

Zum Aufstehen bin ich zu schwach. Halb krabble, halb krieche ich mit lahmen Gliedern durch den rauen Sand.

Sehr schnell merke ich einen Unterschied zur Fata Morgana. Dieser Oase kann ich mich tatsächlich nähern. Meine Motivation steigt, ich will nicht aufgeben … Ich kämpfe mich weiter vorwärts, bin trotz meiner Müdigkeit aufgeregt, weil die Oase nicht verschwindet. Sie ist real.

Und dann habe ich es geschafft.

Ich ziehe mich ans Wasser, benetze mein Gesicht damit und schöpfe mir die Hände voll, um gierig zu trinken. Hier ist das Wasser, das mein Verlangen stillt und mich wieder lebendig macht.

Warum habe ich die Oase erst so spät gesehen? Sie musste die ganze Zeit schon dort gewesen sein. Aber weil ich von der Fata Morgana besessen war, habe ich in keine andere Richtung mehr geblickt. Das Trugbild hat mich ganz eingenommen, sodass ich nicht bemerkt habe, dass die Rettung die ganze Zeit da war und geduldig auf mich gewartet hat.

Wodurch habe ich die Sicherheit gewonnen, dass diese Oase echt ist? Ich habe die kleinen Zeichen erkannt.

Ich habe von Anfang an darauf geachtet, ob diese Oase sich von mir entfernt oder nicht. Ich habe bemerkt, dass im Gegensatz zur Fata Morgana die Luft hier nicht geflimmert hat. Ich habe den sanften Wind gespürt, der mich überhaupt erst auf die echte Oase aufmerksam gemacht und mich hierher geleitet hat.

Im Leben ist es immer wichtig, achtsam zu sein. Auf diese Weise erkennst du, dass die Personen und Dinge, die hilfreich sein können, oft schon in deiner Nähe sind. Du nimmst sie nur nicht bewusst wahr. Oder du hast Angst, ihnen zu vertrauen, weil du vorher auf eine Fata Morgana hereingefallen bist und zutiefst enttäuscht warst.

Deshalb versuch, die kleinen Zeichen wahrzunehmen, um die Fata Morgana von der echten Oase zu unterscheiden. Du wirst sehen, wohin und an wen du dich vertrauensvoll wenden kannst.

Du brauchst nicht weiterhin von unerreichbaren und auslaugenden Dingen und Menschen abhängig zu sein.

Wende dich ab von jedem Trugbild, das dich nur ausnutzt und dich nicht weiterbringt.

Finde die wahre Oase, die dir dein Leben zurückgibt und an deren Wasser du ruhen kannst.

Liebe ... Verlangen oder Bedürfnis?

J. J.

Ich liebe dich.

Die drei Worte, die zwar jeder gerne hören möchte, aber die viel zu wenige wirklich so meinen. Wir schreiben den 14. Februar und es ist wie jedes Jahr der Tag der Liebenden. Doch was ist eigentlich mit denen, die den Tag alleine verbringen? All die, die keinen Partner haben, mit dem sie diesen Tag verbringen könnten?

Sie sehen all die anderen Paare, die ihre Liebe zeigen. Wie man sich da wohl fühlen mag?

Das ist eine Frage, die mich nicht beschäftigt, da ich es weiß. Man fühlt sich alleine und die Nähe zu anderen Einsamen ändert daran nichts. Liebe kann man vielleicht teilen, aber Einsamkeit eben nicht.

Selbst, wenn sich alle einsamen Menschen gegenseitig lieben würden, gäbe es eine 50-prozentige Chance, dass am Ende trotzdem jemand übrigbleibt. Diese eine Person wäre dann die einsamste Person auf dem Planeten, da sie als einzige keinen Partner hätte und auch nicht die Chance bekommen würde, einen zu finden.

Was ich mich allerdings frage, ist, wie sich das Verlangen, geliebt zu werden in dieser Person ändern würde.

Würde es sich verstärken oder eher schwächer werden? Der Frage möchte ich mich annehmen, also lasst uns das Ganze einmal durchspielen.

Diese Person, die wir einfachheitshalber mal als mich betrachten, würde einen Tag erleben.

Ich würde früh aufwachen und vermutlich meine beiden Mitbewohner hören, die sich gegenseitig Komplimente machen.

Ich dürfte mir anhören, wie schön der andere doch sei und wie wenig sie ohne einander leben könnten und aufgrund der fehlenden Komplimente, die ich erhalte, wohl denken, dass es schnulziger nicht geht.

Nach einem ausgewogenen Frühstück, was bei mir vermutlich aus nicht mehr als Rührei bestünde, während das Pärchen sich passend zum Valentinstag Pancakes in Herzform gemacht hat, würde ich mich auf den Weg zur Arbeit machen. Meine Chefin würde plötzlich gute Laune haben und mich mal nicht anmeckern, dass irgendetwas nicht stimmt. Sie wäre glücklich, was mir das Arbeiten um einiges erleichtern würde.

Generell würden mich die Kollegen wohl eher ignorieren, da die Paare untereinander beschäftigen wären.

Ich wäre etwas schneller fertig als die anderen, da sich keiner mit mir unterhalten würde. Ich würde vermutlich eine Überstunde einlegen, um etwas mehr Geld zu bekommen, damit ich mich am Abend selbst zum Essen einladen könnte. Nach dieser Überstunde würde ich mich von allen verabschieden, aber nicht mehr als ein Winken bekommen.

Ich würde mir ein Restaurant suchen, das am V-Day nicht komplett überfüllt ist, und mir einen Tisch für eine Person geben lassen. Ich würde mein Essen bestellen und mich über den kurzen Smalltalk, welchen ich sonst verabscheue, sehr freuen. Ich würde feststellen, dass der

Kellner dies wohl nur aus Höflichkeit tut und ihm am Ende dafür trotzdem ein großzügiges Trinkgeld geben.

Ich würde in aller Ruhe essen, was schneller geht als sonst, da ich mich wieder mit keinem unterhalten könnte. Neben mir würde eine Frau einem Mann einen Antrag machen und neben einem kurzen „Aww"-Moment würde ich wieder denken, dass sich eine Ehe nun auch nicht mehr lohnt. Ich würde nach dem Essen nach Hause kommen und mich erst mal in mein Bett legen.

Ich würde mir vermutlich ein paar YouTube-Videos ansehen, bis ich einschlafe.

Ich würde noch mal von meinen Mitbewohnern geweckt werden, die wohl nach einem gemeinsamen Essen auch nach Hause kämen. Die beiden würden bemerken, dass ich alleine in meinem Zimmer bin, sich aber vermutlich nicht weiter dafür interessieren. Sie wären frisch verliebt und hätten nur Augen füreinander.

Ich würde schlafen und Valentinstag wäre für mich wie jeder Tag sonst auch.

So, damit haben wir das Ganze einmal durchgesponnen und stellen fest, dass eine ungeliebte Person scheinbar das Verlangen irgendwann verlieren würde und Liebe auch nicht wirklich zu benötigen scheint. Zumindest sähe es in meinem Beispiel so aus.

Aber das ist, was ich an uns Menschen so liebe … Niemand muss alleine sein und jeder wird geliebt. Jeder Mensch hat irgendwo irgendwen, den er liebt, und jemanden, von dem er geliebt wird.

Puzzle

M. M.

Du hast dir ein großes Puzzle gekauft; es trägt den Titel: „Dein Leben". Du bist ganz aufgeregt und freust dich darauf, es zusammenzusetzen und das schöne Motiv am Ende zu bewundern.

Du setzt dich an den Tisch und packst dein Puzzle aus. Viele Teile purzeln dir entgegen, liegen völlig durcheinander und erst einmal erkennst du überhaupt nichts. Viele Teile sind umgedreht und sehen dadurch gleich aus, du musst sie erst wenden, damit du ein Stück vom Bild darauf siehst.

Vielleicht beschließt du, mit dem Rand zu beginnen. Also suchst du die Rand- und Eckstücke heraus. Das ist mühsam und es vergeht einige Zeit, bis du überhaupt mit dem Bauen anfängst. Du findest erste zusammenpassende Teile und bleibst eifrig dabei.

Kann sein, dass der Anfang jetzt relativ schnell geht. Stolz blickst du dir an, was du bisher geschaffen hast: Einen stabilen, zusammenhängenden Rand, an dem entlang du dich weiter in die Mitte arbeiten willst.

Diese ist komplizierter als der Rand. Hier lässt sich schwer etwas aussortieren, weil du dich nicht an einer bestimmten Form orientieren kannst wie bei den Rand- und Eckstücken. Die Mitte ist mühselig. Du findest einzelne Teile, die sich untereinander verbinden lassen, doch du kannst sie noch nicht am Rand anbringen.

Du beschließt, diese kleinen Verbindungen erst einmal beiseitezulegen.

Du konzentrierst dich, drehst ein Einzelteil hin und her. Du glaubst, seinen Platz zu sehen, aber dann passt es doch nicht. Entmutigt legst du es weg und es mischt sich unter die anderen Teile. Gerade kannst du damit nichts anfangen und kümmerst dich um eine andere Stelle des Bildes.

Die Zeit vergeht. Mittendrin hast du den Eindruck, überhaupt nicht vorwärtszukommen. Wie oft hast du nun dieselben Teile betrachtet, aber nie deren Platz gefunden?

Beinahe kommt es dir so vor, als wären manche Puzzlestücke in diesem Set falsch. Das passt doch nicht zu dem, was das Motiv verspricht. Diese Teile gefallen dir nicht. Sie passen nicht zum Titel „Dein Leben".

Du schiebst sie weg und versuchst, ohne diese Teile weiterzumachen. Vielleicht brauchst sie nicht, um das Bild zu vervollständigen, da sie ohnehin fehl am Platz wirken.

Immer noch kommst du schwer voran. Du fühlst dich entmutigt und denkst: „Ich wünschte, ich hätte ein anderes Puzzle. Es wäre das beste, abzubrechen. Ich habe keine Lust mehr. Wenn es aussichtslos ist, das fertige Motiv zu schaffen, warum soll ich weiter Zeit damit verschwenden? Am besten zerstöre ich es und werfe es weg. Ich will es nicht mehr."

Du willst es schon tun, aber plötzlich spürst du einen inneren Widerstand. Noch einmal betrachtest du, was du schon zusammengesetzt hast. Und dann denkst du überrascht: „Eigentlich bin ich ganz schön weit gekommen. Vielleicht sollte ich mir etwas Zeit geben und es noch einmal probieren."

Also setzt du dich wieder dran. Anfangs bist du unsicher, ob es die richtige Entscheidung war, weiterzumachen. Es ist mühsam, doch du kämpfst weiter.

Unermüdlich schaust du die Puzzlestücke an. Immer wieder brauchst du Pausen, dann geht es weiter.

Zu deiner Überraschung verändert sich etwas. Du findest passende Teile. Du kannst am Rand anknüpfen und sogar manche der kleinen Verbindungen einsetzen, die du vorher noch beiseitegeschoben und erst jetzt wieder in den Blick genommen hast. Die Mitte füllt sich stetig. „Dein Leben" nimmt langsam klare Konturen an.

Und dann ist es soweit: Nur noch ein Puzzleteil liegt einsam auf dem Tisch. Du setzt es an seinen Platz und betrachtest dein Puzzle zufrieden. Endlich erkennst du so viel auf dem Motiv. Das Puzzle namens „Dein Leben" ist fertig. Oder doch nicht?

Hier sind ja immer noch Lücken. Scheinbar ganz willkürlich, mitten im Bild. Du öffnest die Schachtel des Puzzles, um zu sehen, ob du etwas darin vergessen hast. Ein Teil findest du dort und setzt es ein, aber da sind immer noch leere Plätze.

Wahrscheinlich ist dir etwas auf den Boden gefallen, weil du den Überblick verloren hattest. Du beugst dich unter den Tisch, suchst den ganzen Boden ab. Ein Stück entdeckst du, es ist wohl heruntergefallen und in einer dunklen Ecke gelandet, fast unter einen Schrank gerutscht, sodass es kaum zu finden war. Du hebst es auf und setzt es in „Dein Leben". Wieder hast du ein Stück des Motivs dazugewonnen und erkennst mehr. Es war ein unscheinbares, aber doch wichtiges Puzzlestück.

Aber immer noch sind da Lücken. Du suchst alles ab, doch egal wohin du blickst, du siehst kein einziges Puzzlestück mehr. „Dein Leben" hat noch Raum frei.

Da ist Freiraum, wo Gesichter sein sollten. Leere, wo ein Stück Lebensweg hingehören müsste. Lücken, die fehlende Erfahrungen sind.

„Dein Leben" ist längst nicht vervollständigt. Diese Lücken existieren, weil du noch nicht alles erlebt hast, was für dein Leben bestimmt ist. Weil du noch nicht alle Menschen kennengelernt hast, die zukünftig Teil deines Lebens werden sollen. Weil du noch nicht alles erkannt hast, was zu deinem Leben gehört … was zu *dir* gehört.

Aber für den Moment hast du alles an seinen Platz gerückt, Zusammenhänge erkannt, Sinn gefunden, Verbindungen geschaffen und größere Bilder durch viele kleine Puzzleteile gesehen.

Mach dir keine Sorgen wegen der fehlenden Stücke.

Sie werden von selbst zu dir kommen und mit der Zeit werden alle Lücken gefüllt. Geh mit offenen Augen durch dein Leben, dann erkennst du, wer oder was dein nächstes Puzzlestück ist, das dein Leben ein wenig vollständiger macht und dich bereichert.

Du wirst alle Teile entdecken, die zu dir gehören. In der Zwischenzeit darfst du das bewundern, was bereits zusammengesetzt wurde.

Ankunft

J. J.

Ankunft.

Ankommen … Irgendwo anzukommen ist vermutlich das Ziel von vielen. Ein Ziel, das ich nie erreichen werde, wenn ich so weiter mache wie jetzt.

Dazu ist natürlich die Frage, wo ich gerne ankommen möchte. In der Welt der Erwachsenen? Ungern.

In einem Freundeskreis? Auch, aber ich glaube, das ist es nicht.

Bei einem *Ich*, das ich mag?

Ja, das ist es … Ich würde gerne bei einem Ich ankommen, das ich mag … Das ich selber akzeptiere, das es schafft, problemlos bei anderen anzukommen.

Ein Ich, das keine Angst hat aufzubrechen, um an neuen Ufern anzukommen. Ein Ich, das nicht davor zurückschreckt zu sagen, was es will … Das sich Dinge traut, die sich das jetzige Ich nicht traut. Doch was wird es brauchen, bis ich bei diesem Ich ankomme?

Es wird eine Menge Unterstützung brauchen. Viele Leute, die bereits bei diesem Ich angekommen sind. Nicht bei deren Ich, sondern bei *meinem* Ich. Die Personen, die dieses Ich kennen.

Es gibt nicht viele, die dieses Ich kennen, denn ich hab es nicht vielen gezeigt. Aber wie kann ich es Leuten zeigen, wenn ich nicht dort angekommen bin?

Na ja, sagen wir es so … die Leute haben es zu mir gebracht. Diese Leute nenne ich am besten ab jetzt gute Freunde. Diese guten Freunde haben mir dieses andere Ich gezeigt. Doch bis ich dieses Ich auch bei anderen zeigen kann, wird es eine lange Reise brauchen.

Eine Reise, die von ständigen Selbstzweifeln begleitet und verzögert wird.

Es gibt da aber diese Freunde. Sie halten die Selbstzweifel von mir fern und begleiten mich auf dem Weg zu meinem Ich … den ganzen Weg bis zur Ankunft.

Was kann ich tun?

M. M.

„Was kann ich tun?"

Eine kurze Frage, bloß aus vier kleinen Wörtern bestehend. Eine Frage, die man oftmals stellt – anderen oder sich selbst. Eine Frage, die Verschiedenes ausdrücken kann: Hilflosigkeit, Verwirrung, Hoffnungslosigkeit, Unsicherheit, aber auch Begeisterung, Hilfsbereitschaft oder Neugier.

Eine Frage, auf die es je nach Situation vielerlei Antworten geben kann. Aber legt man in dieser Frage den Fokus immer nur auf eines der Wörter, steckt so viel mehr darin.

Was kann ich tun?
Etwas erreichen, das ich mir als Ziel gesetzt habe.
Etwas, das ich schon lange einmal ausprobieren wollte, mich aber bisher noch nie getraut habe.
Etwas beginnen, das mich auf meinem Lebensweg weiterbringt.
Etwas, das mich mit anderen Menschen verbindet.
Etwas zu Ende bringen, was bereits einen Anfang gefunden hat.

Was *kann* ich tun?
Ich *kann* die Fähigkeiten und Talente einsetzen, die mir geschenkt worden sind. Ich *muss* aber nicht.
Ich *kann* Neues lernen, wenn ich möchte. Ich *muss* aber nicht.

Ich *kann* Fragen stellen, wenn mir etwas unklar ist. Ich *muss* aber nicht.

Ich *kann* Entscheidungen treffen. Ich habe die Freiheit, vieles tun zu *können*. Aber nichts *muss*.

Was kann *ich* tun?

Ich darf für *mich* sorgen – nicht nur für andere.

Ich überlege, was ich mit meiner Zeit anfangen will – es ist *meine* Zeit.

Ich plane, welche Ziele mir wichtig sind – denn *ich* will sie erreichen.

Ich entscheide, welche Werte ich vertrete und welche nicht – unabhängig von der Meinung anderer.

Ich kann ICH sein – sonst kann es niemand.

Was kann ich *tun*?

Dinge, die ich selbst aktiv in Angriff nehmen kann.

Dinge, die für mich realistisch durchzuführen sind und wozu tatsächlich eine Möglichkeit besteht.

Dinge, die ich von mir erwarten kann, ohne mich dabei zu überfordern.

Dinge äußern, die ich mir wünsche, die ich brauche oder die ich ändern möchte.

Dinge, die mir gut tun.

„Was kann ich tun?"

Zusammenfassend lautet die Antwort darauf: Alles … oder nichts. *Meine* Zeit – *mein* Leben. *Ich kann tun, was ich will.* Es liegt allein bei mir.

98

Die Sanduhr

J. J.

Wie gerne ich doch Sanduhren beobachte … Sie sehen alle unterschiedlich aus, laufen unterschiedlich lang, doch sind im Grunde alle gleich. Sie alle haben ein Ziel: Sie zeigen die Zeit an. Wie ein Timer, nur eben in leise.

Sanduhren haben eine hypnotische Wirkung. Viele sehen gerne den Sand hindurchrieseln. Besonders, wenn der ganze Sand noch am Anfang ist.

Wenn es wirklich als Timer ist, dann bekommt man mit der Zeit auch immer mehr Druck, umso weniger Sand in der oberen Hälfte der Sanduhr ist. Und der ganze Druck verlässt einen, wenn sie plötzlich durchgelaufen ist.

Manchmal allerdings bleibt sie auch stehen … meist klebt nur ein geringer Rest vom Sand in der oberen Hälfte und die Zeit bleibt kurz stehen. Das kann so lange gehen, bis jemand die Sanduhr antippt oder kurz dagegen klopft.

Kommt dir das alles bekannt vor? Nein? Okay, dann lass mich dir das Ganze kurz erklären.

Nimm dir eine Sanduhr, die achtzig Jahre geht und drehe sie um. Die ersten zwanzig Jahre würdest du wohl jeden Tag nachsehen, wie es ihr geht und wie viel Zeit schon durchgelaufen ist.

Nach ein paar Jahren würdest du davon ausgehen, dass du noch viel Zeit hast, bis die Uhr durchgelaufen ist, und vernachlässigst sie für dreißig Jahre. So schnell ziehen die ersten fünfzig Jahre der Uhr dahin.

Und die letzten dreißig? Nun, siebzehn wirst du noch nutzen, um zu arbeiten. Dabei wirst du die Uhr nicht wirklich beobachten und erst danach wird dir langsam klar, wie sehr du die Uhr vernachlässigt hast.

Dreizehn Jahre bleiben übrig. Du wirst vermutlich deine Familie noch besuchen, so oft es geht. Du wirst die Sanduhr überall mit hinnehmen, weil du den letzten Moment, das letzte Sandkorn nicht verpassen willst. Und wenn es dann hindurchrieselt, fällt eine riesige Last von deinen Schultern, weil nicht nur deine Uhr ihr Ende findet, sondern auch du.

Genau das wollte ich sagen. Diese Sanduhr sind wir. Unser Leben ist eine Sanduhr und der Sand darin ist unsere Lebenszeit.

Wir sind alle unterschiedlich. Wir sehen unterschiedlich aus, leben unterschiedlich lang, doch sind im Grunde alle gleich, denn wir alle sind nur Menschen. Auch wir Menschen haben alle ein Ziel, auch wenn dieses bei jedem unterschiedlich ist.

Jeder möchte in seiner verfügbaren Zeit tun, was er kann – wie es eine Sanduhr macht.

Auch wir Menschen haben eine hypnotische Wirkung. Wir sehen uns zum Beispiel gerne an, wie kleine Kinder aufwachsen. Wie der Anfang ihrer Sanduhr eben langsam durch das Glas rieselt.

Je älter man wird, umso mehr Angst und Druck entstehen, weil Angst da ist, dass man bald sterben könnte. Und wenn dann das letzte Korn hindurchläuft, ist man von all den Sorgen befreit.

Wenn der Sand kurz stehen bleibt, dann hatte man wohl eine Nahtoderfahrung oder ist vielleicht sogar kurz gestorben, wurde aber wiederbelebt. Das passiert zwar eher selten, aber genau so ist es ja auch mit dem Sand, der kleben bleibt. Der kleine Stoß kann also deine Wiederbelebung sein.

Die achtzigjährige Sanduhr warst du. Die ersten zwanzig Jahre lernst du alles Wichtige und jeder sagt dir, du hättest noch viel Zeit. Und das übernimmst du so.

Du gehst dann arbeiten, bis dir mit deinem fünfzigsten Lebensjahr langsam klar wird, dass dein Leben dafür zu kurz ist. Du arbeitest noch bis zu deiner Rente und dann beginnt der Druck und die Angst vor dem Tod.

Und dann geht die Sanduhr langsam Richtung Ende. Und wenn sie dann zu Ende ist, ist es auch mit dir zu Ende.

Du siehst, Sanduhren ähneln uns sehr. Nur in einem Punkt unterscheiden wir uns leider:

Eine Sanduhr kann man umdrehen und neu starten. Ein Leben nicht.

Schöpfung

M. M.

Woran denkst du bei dem Wort „Schöpfung"?

Vielleicht an „Im Anfang schuf Gott Himmel und Erde." Oder an die Schönheit der Natur. An die Unendlichkeit des Universums.

All das kann Schöpfung bedeuten – und du bist ein Teil davon. Du als Individuum. Denn das Wort „Schöpfung" findet sich in „Geschöpf" wieder.

Beim Gedanken an die Schöpfung denkt man an die Erschaffung von Dingen. Die Erschaffung der Welt. Die Erschaffung von Charakteren für ein Buch, einen Film oder ein Theaterstück. Die Erschaffung von Musik, Malerei und allen anderen Arten von Kunst. Wir sind Geschöpfe, weil wir erschaffen wurden. Wenn du etwas Neues erschaffst, dann bist du als Geschöpf ein kleiner Schöpfer in der großen Schöpfung.

Noch ein weiteres Wort steckt in „Schöpfung": Nämlich das Schöpfen. Du kannst aus einem Suppentopf schöpfen. Aus einem Brunnen. Oder aus dir selbst, wenn du deine Fähigkeiten ausschöpfst. Du kannst alles ausschöpfen, was in dir steckt.

Du kannst aus anderen Menschen schöpfen, wenn sie dir ein gutes Wort, ein Lächeln oder eine geteilte Erfahrung schenken. All das sind Dinge, bei denen du aus anderen schöpfst, weil sie dich weiterbringen, dir etwas Neues offenbaren oder du davon lernst.

Wenn Menschen gegenseitig aus sich schöpfen, werden sie nicht leer, sondern füllen gegenseitig den inneren Raum wieder auf. Das ist gesundes Schöpfen.

Du kannst aber auch Erschöpfung spüren. Das ist, wenn du immer alles für die anderen gibst, aber nichts zurück erhältst. Auf diesem Weg schöpfen andere Leute dich vollständig aus, ohne dich im Gegenzug wieder aufzufüllen. Was dich nicht erfüllt, erschöpft dich.

Und das ist der Punkt, an dem du sagst: „Ich kann einfach nicht mehr." Du kannst nicht mehr, weil du ausgeschöpft bist. Du hast alles gegeben und jetzt bist du leer. Müde. Erschöpft.

Jetzt musst du auftanken, um wieder weitermachen zu können. Schleppe dich wie ein Auto mit leerem Tank an die Tankstelle, um wieder Energie zu erhalten. Deine Zapfsäule kann ein Hobby sein, die richtigen Personen, vielleicht auch ein Spaziergang in der Natur, bei dem du die Schöpfung bewunderst, dich daran erfreust und zur Ruhe kommst. Aus der Ruhe lässt sich vieles schöpfen.

Wirst du in deinem Leben erfüllt oder erschöpft?

Woraus schöpfst du, um wieder erfüllt zu werden?

Du bist ein wertvolles, einzigartiges Geschöpf in dieser großen Schöpfung. Es ist wichtig, dass du schöpfen kannst. Achte darauf, dass deine Energie nicht vollkommen von anderen erschöpft wird.

Lass dich auffüllen.

Geh tanken.

Schöpfe.

Video

J. J.

Was wäre, wenn das Leben wie ein Video wäre?

Der Anfang ist deine Geburt und das Ende dein Tod. Vielleicht wird im Abspann noch deine Beerdigung gezeigt. Eine Frage, die man sich nun stellt, ist wohl:

„Würde ich mir dieses Video ansehen wollen?"

Angenommen, es gäbe eine Plattform, wo all diese Videos hochgeladen werden … sieben Milliarden Videos, in deren Titel immer der Name, das Geburts- und das Todesdatum stehen. Würdest du dich überhaupt trauen, deinen Namen zu suchen?

Du darfst nicht vergessen, dass du dann schon wüsstest, wann das Video endet. Du könntest erleichtert aufatmen, weil das Datum sechzig Jahre in der Zukunft liegt, oder geschockt, weil es keine fünf Monate mehr sind.

Gehen wir davon aus, du hättest einen Feind. Eine Person, die dir ein Dorn im Auge ist. Sagen wir, ein Mobber aus der Schule. Würdest du dir sein Video vielleicht ansehen? Klar, du hasst ihn und wirst dir nicht unbedingt ansehen wollen, wie er aufgewachsen ist und welche Erlebnisse noch auf ihn zu kommen.

Aber du würdest erfahren, warum er handelt, wie er handelt und ob er das alles nicht vielleicht sogar irgendwann bereut. Wenn du es allerdings lässt, kannst du das Ganze hinter dir lassen und brauchst dir keine Sorgen mehr zu machen, denn er kann dir nichts mehr tun.

Würdest du nach dem Video suchen? Würdest du es dir ansehen, wenn du es gefunden hast? Oder würdest du es einfach komplett sein lassen?

Ein anderes Beispiel ist ein geliebtes, aber krankes Familienmitglied, das Angst davor hat, zu sterben.

Würdest du dir dieses Video ansehen?

Alleine am Titel siehst du bereits, dass die Person nicht mehr lange leben wird, doch das könnte eventuell auch am Alter liegen, das dieses Familienmitglied gerne hätte. Du schaust dir also dieses Video an und springst zum Ende. Du wüsstest nun, ob sie entweder an der Krankheit oder am Alter stirbt.

Wenn wir von der Krankheit ausgehen, wird es natürlich traurig machen, weil du die Person nicht die paar Monate länger behalten kannst. Würdest du dann zu ihr gehen, würde sie das merken und ihre Angst würde wohl noch größer werden.

Wenn sie nicht an der Krankheit sterben würde, wärst du vermutlich glücklich, weil sie so stirbt, wie sie es möchte. Du wüsstest aber trotzdem, wann sie sterben wird. Du würdest sie vermutlich jeden Tag besuchen, bis es mit ihr zu Ende geht.

Doch was, wenn sie letzte Worte an dich hatte? Du würdest sie schon kennen und du würdest anders reagieren als ursprünglich. Vermutlich würdest du ihr das letzte Lächeln, das sie jemals sehen würde, nicht mehr schenken können.

Würdest du dir das Video ansehen? Wärst du traurig oder glücklich? Wie würdest du dann reagieren?

Ein letztes Beispiel haben wir noch.

Stell dir vor, du hast ein Kind bekommen, beziehungsweise stehst kurz davor. Du hast zwei Möglichkeiten: Je nachdem, ob nun du oder deine Freundin schwanger ist, schaust du dein oder ihr Video an und findest so eventuell heraus, welches Geschlecht euer Kind haben wird. Du könntest so alles vorbereiten und auf das Kind anpassen.

Danach könntest du dir natürlich das Video deines Kindes ansehen. Du würdest so allerdings direkt wissen, wann es sterben wird. Du wüsstest direkt, was das erste Wort sein wird. Du weißt, wann es laufen wird. Du weißt, welchen Schulabschluss es haben wird. Du weißt einfach alles von ihm. Möchtest du das wirklich?

Du würdest dir damit alle schönen Momente mit deinem Kind verderben, weil du sie schon kennst.

Im Gegenzug weißt du aber auch, was deinem Kind Schlimmes passieren wird und könntest es dementsprechend davor schützen.

Würdest du es dir ansehen?

Würdest du dir das Geschlecht vorher ansehen?

Würdest du dir die schönen Momente spoilern lassen?

Oder würdest du es ganz sein lassen und es dafür nicht immer beschützen können?

Und noch wichtiger ist wohl die Frage: Wenn du dein Video siehst, siehst du dann auch alle anderen?

Einsam unter Menschen

M. M.

Einsamkeit ist ein Gefühl, das nicht jeder versteht. Oft wird es gleichgesetzt mit Alleinsein – doch ich bin der Meinung, dass es einen Unterschied gibt.

Das Alleinsein bezieht sich darauf, keine Menschen um sich zu haben. Der oder die einzige Anwesende zu sein. Alleinsein – ich bin ganz eins mit mir selbst. Alles ist eins.

Alleinsein kann für mich mit innerem Frieden verbunden sein, mit innerer Ruhe und Ausgewogenheit.

Alleinsein bedeutet: Ich habe Zeit für mich und fülle diese Zeit mit Dingen, die mir gut tun. Alleinsein sagt: Ich bin gerade ausschließlich für *mich* da. Ich sorge für mich.

Alleinsein ist etwas, das ich genießen kann.

Nicht so die Einsamkeit. Einsamkeit fühlt sich nicht friedlich und ausgeglichen an. Stattdessen ist es eine tiefe Leere im Inneren. Einsamkeit bedeutet, dass etwas fehlt. Einsamkeit bedeutet Sehnsucht. Ich sehne mich danach, nicht nur wahrgenommen, sondern gesehen zu werden.

Einsamkeit setzt nicht voraus, mit mir alleine zu sein.

Im Gegenteil: Oft empfinde ich Einsamkeit am stärksten, wenn ich Leute um mich habe. Ist es ein Paradoxon? Ich finde nicht. Denn unter Menschen nehme ich wahr, dass ich anders bin. Ich kann in einer Gruppe von Menschen sein, mich aber dennoch nicht zugehörig, nicht angenommen fühlen.

Wenn ich unter Menschen bin, beobachte ich diese.

Ich sehe deren Glück und spüre mein fehlendes Glück. Ich sehe liebende Menschen und spüre die Sehnsucht, mich bedingungslos geliebt zu fühlen.

Genau da schlägt sie zu, die Einsamkeit, und hüllt mich in ihren kalten Nebel. Das Gefühl der Einsamkeit kann ich mit niemandem so richtig teilen – sonst wäre es Zweisamkeit.

Wie löst man die Einsamkeit? Oder … wer?

Dafür gibt es zwei Möglichkeiten. Die eine ist, die richtigen Personen zu finden. Es sind diejenigen, die mir den Wunsch erfüllen, nicht nur wahrgenommen, sondern gesehen zu werden. Die wenigen Menschen, die in mein Inneres blicken können. Die den Schatten hinter meinem Lächeln kennen und vor denen ich ICH sein kann.

Der Kreis dieser Menschen ist klein, aber trotzdem der größte Schatz. Selbst mit einer einzigen solchen Person an der Seite wird das Loch der Einsamkeit ein Stück gefüllt; aus Einsamkeit wird Zweisamkeit.

Die andere Möglichkeit bezieht sich auf mich selbst und ist vielleicht sogar die wichtigere. Hier geht es darum, dass *ich* mich nicht nur wahrnehme, sondern sehe.

Wer bin ich?

Dies ist die Frage, die ich mir beantworten muss. Kenne ich die Antwort, kommt die nächste Hürde: Zu dem zu stehen, wer und was ich bin. Mir treu zu bleiben.

Damit kenne ich meinen Selbstwert und sehe meine Andersartigkeit nicht länger als Mauer, die mich von allen abgrenzt. Vielleicht bin ich anders – aber das ist nicht schlimm. Ich bin ICH. Niemand anderes muss ich sein.

Es ist ein langer Weg zu diesem Ziel. Noch bin ich nicht dort, aber ich möchte es erreichen.

Auf diese Weise gelange ich an den Schnittpunkt zwischen Einsamkeit und Alleinsein: Wenn ich trotz der Unterschiede, die ich wahrnehme, trotz des Glücks anderer Menschen nicht aus den Augen verliere, wer ich bin. Was ich bin. Und was ich habe.

So bin ich mit mir im Reinen – und was die Menschen um mich herum tun, beeinflusst mich weniger.

Dann bin ich nicht mehr einsam unter Menschen.

Dann bin ich eins mit mir selbst.

Alles in mir ist eins.

Vertrauen

J. J.

Wir alle kennen es und wir haben es in mindestens eine Person. Wir alle freuen uns, wenn es uns jemand schenkt, und sind dann meist bereit, dieser Person das Geschenk zurückzugeben. Eines der wertvollsten Geschenke, die es gibt: Vertrauen.

Wer anderen vertraut, weiß, dass er bei der Person sicher ist. Auch, wenn ich denke, man sollte Vertrauen etwas einteilen. Ich würde sagen, es gibt vier verschiedene Arten von Vertrauen.

Wir starten mit dem, was wohl jeder hat. Das familiäre Vertrauen. Man hat Vertrauen in seine Familie. Sei es Mutter oder Vater. Bruder oder Schwester. Onkel oder Tante. Sohn oder Tochter. In jedes Familienmitglied hat man meist minimal Vertrauen.

Es ist allerdings ein Vertrauen, das man verlieren kann. Wenn sich jemand nicht familiengerecht verhält, dann hat man meist das Gefühl, die Person gehört nicht zur Familie. Damit ist es eine fremde Person und verliert dein Grundvertrauen.

Grundvertrauen bringt uns direkt zum nächsten Punkt. Denn dieses Vertrauen muss da sein, wenn man in einer Beziehung ist. Als Nächstes geht es nämlich um das Vertrauen unter Liebenden.

Dieses Vertrauen ist mit eines der stärksten und gleichzeitig auch das schwächste von allen. Doch warum ist dem so?

113

Nun ja, denn dieses Vertrauen muss auf Gegenseitigkeit beruhen. Gehen wir von einem Pärchen aus, bestehend aus zwei Menschen, die wir mal eben einfach Person 1 und Person 2 nennen. Person 1 könnte Person 2 noch so sehr vertrauen, aber wenn Person 2 kein Vertrauen in Person 1 hat, hat die ganze Beziehung keine Chance.

Sollte die Beziehung dann auseinanderbrechen, hat man eventuell Glück, dass man wenigstens befreundet bleibt, was uns zu den letzten beiden Arten führt: Das Freunde-Vertrauen sowie das Beste-Freunde-Vertrauen.

Im Grunde besteht das Freunde-Vertrauen aus einfachem Vertrauen. Man kann einem Freund seine Probleme erzählen, ohne Angst haben zu müssen, dass jemand anderes was davon mitbekommt. Genauso kann man einem Freund etwas leihen, ohne Angst haben zu müssen, es nie wiederzubekommen.

Doch wie unterscheidet es sich vom Beste-Freunde-Vertrauen? In dem Punkt, dass man dem besten Freund einfach alles erzählen kann. Man kann dem besten Freund erzählen, wie es einem geht, was man auf dem Herzen hat, auch, was einen vielleicht am anderen stört … einfach alles eben. Wenn man sich das Ganze genau ansieht, bemerkt man eigentlich eine gewisse Steigerung.

Man kann vom Freunde-Vertrauen zum Beste-Freunde-Vertrauen aufsteigen. Dieses mutiert manchmal zum Liebenden-Vertrauen und wenn alles gut läuft, wird das vielleicht sogar irgendwann zum familiären Vertrauen.

Eine Sache, die man aber leider nicht auslassen darf, ist das falsche Vertrauen. Böse Menschen, die dein Vertrauen missbrauchen. Wichtig ist, dass du es früh genug erkennst.

Versuch herauszufinden, was die Person über dich denkt und ob das Vertrauen berechtigt ist. Es gibt nichts Schlimmeres, als dies erst zu spät zu merken.

Doch eine Sache kann ich dir versprechen: Wenn jemand dein Vertrauen missbraucht, dann stehen deine Freunde, deine besten Freunde, dein Partner oder deine Partnerin und deine Familie hinter dir. Alle, denen du vertraust und die Vertrauen in dich haben, werden immer bei dir sein.

Und als Letztes etwas ganz Wichtiges: Vertrau dir selber. Hab Vertrauen in dich und vertraue anderen.

Zwiespalt

M. M.

Ich möchte dieses … und jenes genauso. Ich will das Eine … aber auch das Andere. Ich mag diese Version … aber die zweite genauso. Diese Entscheidung hört sich gut an … aber die andere hat auch ihren Reiz. Ich bin überglücklich … und gleichzeitig machen mich meine Zweifel unglücklich über dieselbe Situation.

Das ist Zwiespalt. Jeder kennt ihn.

Dieser Zwiespalt ist für mich manchmal ein unerträgliches Gefühl. Es zerreißt mich innerlich, wenn ich weiß, was ich will, und gleichzeitig Angst davor habe.

Die größte Zerrissenheit, die ich kenne, ist der Zwiespalt in meiner Persönlichkeit. Ich weiß im Grunde, wie und wer ich sein und wie ich handeln möchte, aber ich bin nicht durchgehend diese Person. Ich passe mich an die Gesellschaft an und verberge manche Anteile meines Selbst. Ich treibe damit einen Keil in mein Herz.

Immer, wenn ich mich anders gebe, als ich sein möchte, schlage ich diesen Keil tiefer in meine Identität und dann schmerzt es, denn ich weiß, dass ich eigentlich gern etwas anderes getan oder gesagt hätte. Die anderen wissen es jedoch nicht. Sie denken nicht weiter darüber nach, denn ich habe mich ja so verhalten, wie sie es von mir erwarteten. Ist es also unerreichbar, *Ich* zu sein?

Ist es möglich, die richtige Wahl zu treffen oder wird es bei allem ein gewisses Risiko geben, wenn ich eine Entscheidung annehme und dafür eine andere aufgeben muss? Muss ich damit leben, auf ewig zerrissen zu sein?

Alles, was ich mir wünsche, ist Authentizität. Ich möchte vor mir und vor anderen echt sein können. Gleichzeitig möchte ich nicht gegen den Strom schwimmen, wie es der Fall sein könnte, wenn ich Überzeugungen nachgehe, die sonst niemand offen teilt. Wieder ein Zwiespalt.

In diesen Fällen wirkt es für mich, als wäre mein Wunsch, mein Ziel, mein Traum unerreichbar.

Wäre es das Sinnvollste, mich einfach einmal zu trauen und Hals über Kopf in eine Entscheidung zu stürzen, die sich richtig anfühlt? Und nach und nach zu sehen, ob sie mir gefällt oder nicht? Damit erlebe ich vermutlich mehr von den Dingen, die ich mir vornehme, weil ich nicht so schnell einen Rückzieher mache.

Das ist eine Möglichkeit. Die zweite Möglichkeit ist das Herantasten. Wenn ich nicht weiß, was ich tun soll, tue ich zur Sicherheit eher weniger als mehr. Aber vielleicht ist das okay, denn es bedeutet auch, dass ich nichts überstürze, sondern langsam an die Entscheidung herantrete und dabei versuche, an Sicherheit zu gewinnen. Beim Herantasten ist es mir möglich zu erkennen, warum der Zwiespalt überhaupt existiert und wie ich damit umgehen kann und möchte. Manchmal kann es aber auch sein, dass das Herantasten mich eher hemmt und schnell kehrtmachen lässt.

Der Zwiespalt kann mir Hinweise geben. Ein Beispiel: Wenn ich eine Sache tun möchte und gleichzeitig Angst davor habe … was steckt dahinter? Warum möchte ich es tun und warum habe ich diese Angst? Vielleicht möchte ich es tun, weil ich daran glaube. Weil ich überzeugt bin.

Weil es mich glücklich macht … Weil ich dann *Ich* bin. Das alles sind Dinge, die eindeutig *für* die Entscheidung sprechen.

Und die Angst? Sie ist vielleicht da, weil ich nicht aus der Masse herausstechen will. Weil ich mir Sorgen darüber mache, was andere sagen und denken könnten, wenn ich mich für die Sache entscheide.

Ich würde eigentlich gern sagen, dass es mir egal ist, was andere von mir halten, solange ich mir selbst treu bleibe. Aber das kann ich wohl nicht. Scheinbar bin ich immer noch zu sehr von der Meinung anderer abhängig. Denn offensichtlich gäbe es den Zwiespalt in manchen Situationen überhaupt nicht, wenn ich nicht zwischen mir und der Gesellschaft hin- und hergerissen wäre. Dann würden all die Aspekte der Angst wegfallen, die ich als Beispiel genannt habe.

Doch wir Menschen sind nun einmal soziale Wesen und aufgrund dessen ist es vermutlich ein Stück weit normal, dass wir über die Gesellschaft nachdenken, in der wir leben. Demnach ist dieses Gefühl der Zerrissenheit wohl nicht immer zu vermeiden. Auch, wenn ich es gern so hätte, kann ich nicht immer sofort die eine klare, richtige Entscheidung sehen.

Manchmal braucht es den Zwiespalt, um herauszufinden, was mir wirklich wichtig ist.

Ich kann nicht sagen, ob es nun besser ist, einen Kopfsprung in eine Entscheidung zu wagen oder sich vorsichtig auf Zehenspitzen zu nähern – vermutlich kommt es auch darauf an, vor welcher Art von Entscheidung du stehst.

Es gibt kein Patentrezept für den Umgang mit dem Zwiespalt. Das bedeutet: Egal, wie du dabei vorgehst:

Es ist in Ordnung.

Was nennen wir Wunder?

J. J.

Was nennen wir Wunder? Für manche einfach nur ein großes Bauwerk. Für andere Schnee an Weihnachten, doch für mich sind Wunder etwas anderes.

„Wunder" steht schließlich nicht alleine – aus dem Wort kann man so viel machen. Manchmal ist es wunderbar, wie sehr man sich über ein Wunder doch wundern kann.

Ein Wunder kann vieles sein. Für mich ist ein Wunder immer noch etwas Unerwartetes. Ein plötzlicher Erfolg über Nacht ist ein Wunder, eine unheilbare Krankheit, die plötzlich geheilt ist, wäre ein Wunder, und dass plötzlich jemand nicht mehr lebt, der kerngesund war, ist leider ebenso ein Wunder.

Wie ich schon sagte: „Wunder" ist vielseitig einsetzbar. In meinem Fall würde ich mich über so ein Wunder echt wundern.

Ein Wunder wäre es, wenn wirklich mal etwas Wunderbares, Verwunderliches oder Wundervolles passieren würde. Das ist bis jetzt leider nie so gewesen.

Wunder waren für mich immer etwas Ungreifbares, etwas, das mich eben gewundert hat. Eine wunderbare Sache, und Leute, die diese erleben, hab ich immer bewundert.

Bewunderung ist eine Sache. Wenn mich jemand bewundern würde, wäre es eine Art Wundermittel, doch bis das passiert, wundere ich mich weiterhin darüber, dass sich Leute selbst als wunderbar sehen.

Das sind Leute mit einem wundervollen Selbstwertgefühl, Leute, die keine Zweifel daran haben, dass sie wundervoll sind. Genauso zweifeln sie nicht daran, dass es Wunder wirklich gibt.

Was möchte ich hiermit sagen?

Wunder sind wundersame, wunderbare Sachen, die wohl mehrere als nur mich verwundern. Ein Wunder wäre ein wahres Wundermittel für viele Menschen, doch bis dieses da ist, gehen wir weiter verwunde(r)t durch unser Leben.

Hunger

M. M.

Ich habe Hunger.

Du weißt, wie sich das anfühlt, wenn der Hunger kommt. Erst ist er ganz leise, dann beginnt er zu knurren. Richtig laut und sogar schmerzhaft. Hunger tut irgendwann weh. Wenn du ihn hinauszögerst, macht Hunger dich wahnsinnig. Und wenn du zu ihn zu lange ignorierst, dann kann es sein, dass du ihn nicht mehr wahrnimmst.

Es kann so weit gehen, dass du tatsächlich der Überzeugung bist, der Hunger sei verschwunden. Du sagst: „Ich habe keinen Hunger mehr, also brauche ich kein Essen."

Aber Hunger verschwindet nicht einfach so. Dass du ihn nicht spürst, heißt nicht, dass er weg ist. Es heißt nur, dass du ihn verdrängst. Ihn nicht sehen willst. Aber der Hunger bleibt, denn du bist völlig leer. Eigentlich weißt du das auch, weil du dich schwach und kraftlos fühlst, wenn du hungrig bist. Du hast keine Energie. Keine Freude.

Hunger raubt dir mit der Zeit all dein Empfinden. Starker Hunger betäubt dich.

Hunger bedeutet Leere. Er bedeutet, du hast ein Bedürfnis. Der Hunger wird sich erst beruhigen, wenn du dieses vernünftig stillst.

Was bedeutet dein Hunger?

Entweder sagt in dem Moment dein Körper, dass er Nahrung braucht. Dann musst du deinen Magen füllen.

Es gibt aber noch eine weitere Form des Hungers, und dieser wird oft mit dem körperlichen Hunger verwechselt.

Es ist der Seelenhunger. Deine Seele klopft erst zaghaft bei dir an, schreit bald darauf nach dir und möchte nichts mehr, als dass du dich um sie kümmerst. Manchmal versucht sie tatsächlich, es über den Körper zu signalisieren, in der Hoffnung, dass du sie dann endlich wahrnimmst. Du denkst also bloß, es sei körperlicher Hunger … vielleicht hat aber in Wahrheit die Seele Hunger. Oder es sind beide Formen da.

Vielleicht ist es an der Zeit, sowohl Körper als auch Seele angemessen mit dem zu versorgen, was sie sich wünschen.

Wichtig ist, den Seelenhunger zu identifizieren und vom körperlichen Hunger zu unterscheiden. Solange du es nicht schaffst, gehst du auf eine Weise mit dem vorhandenen Hungergefühl um, die langfristig schadet.

Das kann sein, indem du aus Unsicherheit und Unwissenheit beschließt, lieber gar nichts zu essen, und darauf wartest, dass der Hunger von selbst verschwindet. Aber es ist keine Überraschung, dass er sich wieder meldet, wenn er ja niemals fort war.

Es kann auch sein, dass du das Gegenteil davon tust und verzweifelt riesige Mengen Essen verschlingst, in der Hoffnung, den Hunger zu beseitigen. Du isst und isst so viel, dass dir schlecht wird und du glaubst zu platzen … kurzzeitig hilft das. Aber danach fühlst du dich vielleicht sogar so elend, dass du das Essen wieder loswirst, weil du hinterher erschrocken bist, wie viel du gegessen hast und weil du darin noch eine weitere Möglichkeit findest, den Seelenhunger zu betäuben.

Das Komische: Auch, wenn du so viel isst, wirst du nicht richtig satt. Immer noch ist eine Leere in dir und du wunderst dich, dass du sie nicht mit Essen füllen kannst.

Aber du hättest nicht so viel Essen gebraucht. Die Leere, die nicht weggeht, kommt aus deiner Seele. Dorthin gelangen die Lebensmittel nicht.

Deine Seele braucht andere Nahrung. Sie braucht Zuwendung. Anregung. Trost. Entspannung. Oder noch etwas ganz anderes.

Du musst dafür dein Herz füllen, denn das Loch in dir kommt von dort. Dein Herz muss genauso versorgt werden wie der Magen.

Wenn du den Unterschied zwischen Körper- und Seelensignalen erkennst, brauchst du dich vor deinem Hunger nicht mehr zu fürchten. Dann weißt du immer, wie du ihn stillen kannst.

Wichtig ist, dass du ihn nicht einfach ignorierst – das macht den Hunger wütend.

Sieh ihn dir an, deinen Hunger. Benenne ihn für dich. Welches Bedürfnis ist da? Was brauchst du gerade wirklich? Wie kannst du das bekommen?

Der Hunger ist nicht dein Feind, sondern ein Wegweiser für deine tiefsten Sehnsüchte.

Lass dir den Weg weisen, damit du in deinem Hunger nicht verloren gehst.

Fülle Körper und Seele.

Wettbewerb

J. J.

Ich muss gewinnen. Ich muss die Allerbeste sein. Besser als jeder vor mir. Besser als meine Kontrahenten. Wenigstens gut genug, um den ersten Platz zu schaffen. Ich werde übermütig. Alle liegen weit hinter mir. Ich erlaube es mir, nachsichtig zu werden.

Jemand überholt mich. Ich bin überrumpelt und lege mich extra ins Zeug. Noch voller Übermut werde ich langsamer. Ich falle zurück, immer weiter. Ich bin auf dem Vor... dem letzten Platz.

Ich sehe alle an mir vorbeiziehen. Sie lachen auf mich zurück. Ich falle zu Boden. Nein, in ein Loch.

Ich habe ewig für den Sieg trainiert. Ich habe trainiert, bis mir die Beine abfielen. Trainiert, bis ich keinen Muskel mehr bewegen konnte. Und wofür all das harte Training? Nur, um jetzt zu verlieren?

Nein, ich darf nicht verlieren. Nicht jetzt, nicht nach all dem Training. Nicht nach allem, was ich geschafft habe. Ich muss wieder aufstehen und weitermachen. Ich muss weitermachen und wieder Anschluss finden.

Ich muss den Anschluss finden und den zwölften überholen. Ich muss ihn überholen und am Elften vorbeiziehen. Ich muss am Elften vorbeiziehen, um den Zehnten sehen zu können. Ich muss den Zehnten hinter mir aus den Augen verlieren, um den Neunten erreichen zu können.

Ich muss den Neunten erreichen, um dem Achten gleich meinen Dank auszurichten. Nachdem ich ihm fürs Lachen und Motivieren gedankt habe, muss ich mich an der Sieben vorbeikämpfen.

Nach einem harten Kampf ist mir die Sechs keinen Kopf mehr voraus. Als der Sechste einen Kopf hinter mir ist, wird es Zeit, sich an der Top 5 vorbeizukämpfen.

Nach der Top 5 ist die Vier schon in Reichweite, so wie das Ziel es auch ist.

Der Vier wird ihre Chance auf die Treppe genommen, die ich nun erklimmen muss.

Erst, als ich den dritten Platz erreicht habe, konzentriere ich mich darauf, ihn zu halten.

Der dritte Platz … meine Familie wird nicht stolz sein. Sie wird sicher meckern, dass ich hätte gewinnen können … Aber selbst der dritte Platz ist doch viel wert, oder? Der dritte Platz ist genauso viel wert wie der erste und der zweite, oder?

Vielleicht hätte ich lieber weiterrennen sollen, statt mich das zu fragen, dann wäre ich vielleicht noch Dritte und nicht schon wieder Zwölfte, aber … es ist mir egal.

Auch der letzte Platz ist viel wert, solange man seinen Vorsatz durchzieht. Solange man durchzieht, was man sich vornimmt, ist jeder Platz ein Gewinn.

Das Spiegelbild und die Schönheit

M. M.

Stell dich vor einen Spiegel. Was siehst du?

Natürlich dich selbst. Aber was ich fragen wollte, ist: Welcher Gedanke schoss dir als Erstes durch den Kopf? Worauf fiel der erste Blick?

Ich kenne eine Antwort, die sich viele Leute darauf geben würden. Sie sehen sich an und gefallen sich nicht. Aber warum? Und wie sieht es bei dir aus:

Gefällst du dir … oder nicht?

Würdest du jemand anderen bitten, dein Spiegelbild zu beschreiben, gäbe es andere Antworten, da bin ich mir sicher. Neutrale oder positive Antworten.

Warum ist deine Antwort negativ?

Weil du denkst, keine gute Figur zu haben. Weil du denkst, unscheinbar zu sein - oder im Gegenteil, mit einer bestimmten Sache besonders herauszustechen, die du gern ändern würdest, um in der Masse untergehen zu können. Weil du denkst, alle anderen sind ohnehin besser und schöner als du.

Weil du *denkst*.

Dein Spiegelbild zeigt dir mehr als deine Oberfläche, denn sonst wärst du dir gegenüber zumindest neutral eingestellt. Aber der Spiegel präsentiert mehr. Er zeigt dir, was du denkst.

Denkst du gut von dir? Dir gefällt auf einmal besser, was du wahrnimmst.

Denkst du schlecht von dir? Dann gefällst du dir plötzlich nicht mehr.

Mit Sicherheit kennst du dieses Phänomen: An einem Tag bist du gut gelaunt, sogar glücklich, und fühlst dich selbstbewusster als sonst. Du wirfst einen Blick in den Spiegel und bist überrascht.

„Heute sehe ich ja mal richtig gut aus!", stellst du fest und schenkst dir ein breites Lächeln. Mit diesem Gedanken startest du selbstbewusster in den Tag.

Aber es gibt Phasen, in denen es dir schlechter geht. Du bist müde, fühlst dich klein und wertlos. Du fühlst dich hässlich. Wirfst du nun einen Blick in den Spiegel, sagst du entsetzt: „Ich mag mich kaum ansehen. Heute sehe ich total blöd aus. Nichts passt zusammen."

Dann trittst du vom Spiegel weg und nimmst diese negative Einstellung mit in deinen Alltag. Du denkst, jeder sieht dasselbe Bild von dir wie du. Bei allem, was du tust, bist du unsicher, weil du daran denkst, wie schlecht du im Spiegel ausgesehen hast.

Weil du *denkst*.

Dein Spiegelbild ist selten objektiv und neutral. Es spiegelt nicht nur deinen Körper, sondern auch deine Gedanken.

Nicht immer siehst du, wie dein Körper wirklich ist. Du siehst dich so, wie *du* gerade bist.

Du siehst, was du denkst.

An den guten und schlechten Tagen siehst du nicht auf magische Weise ganz verändert aus. Überraschung: Du siehst immer gleich aus. Der einzige Unterschied findet in deinem Kopf statt.

Was du denkst, das strahlst du aus.

Das nächste Mal, wenn dir dein Spiegelbild nicht gefällt, sieh nicht weg. Sieh genauer hin. Was siehst du in dir, wenn du tiefer blickst … was steckt *in* dir?

Du kannst trainieren, dein Spiegelbild anders wahrzunehmen. Sieh dich an. Beschreibe, was du siehst. Ohne Wertung. Nur an der Oberfläche.

Sag zum Beispiel nicht: „Da ist ein hässlicher Pickel auf meiner Stirn, der mich total verunstaltet."

Sag: „Auf der Stirn sind ein paar Hautunreinheiten."

Ohne Bewertung. Nur, wie es gerade ist.

Nimm dir Zeit dafür und sorge dafür, dass du ungestört bist. Beginne mit den Haaren. Ende mit den Zehenspitzen. Fängst du an zu urteilen und zu bewerten, dann stoppe und beginne von vorn.

Eine Änderung der Gedanken ist nicht nach einem solchen Training abgeschlossen. Es erfordert viele Wiederholungen, um eine nachhaltige Änderung wahrzunehmen. Aber ich verspreche, dass es funktioniert, wenn du dranbleibst. Etwas wird sich verändern.

Irgendwann wirst du feststellen, dass du dich anders wahrnimmst. Dann gibt es vielleicht trotzdem Tage, an denen du müde wirkst, aber das ist nicht negativ. Es ist einfach so. Das ist okay. Du wirst erkennen, dass du selbst an den Tagen, an denen du dich weniger schön wahrnimmst, genauso aussiehst wie an den guten Tagen. Der einzige Unterschied ist die innere Einstellung über dich als Person, die du ausstrahlst.

Hast du leuchtende Gedanken über dich selbst, dann leuchten deine Augen. Dann gehst du aufrechter. Dann wirkst du sicher.

Hast du düstere Gedanken über dich selbst, erreicht dein Lächeln deine Augen nicht. Dann machst du dich klein, sinkst in dich zusammen. Du wirkst unsicher.

Und das ist das Geheimnis dahinter: Was du fühlst und denkst, *das* spiegelst du.

Also: Es ist nicht die Lösung, einfach dein äußeres Erscheinungsbild zu verändern. Die innere Erscheinung ist ausschlaggebend, damit du nach außen scheinen kannst.

Hier verbirgt sich die wahre Schönheit. Sie war schon immer in dir vergraben – such dir eine Schaufel und hol sie ans Tageslicht.

Jetzt ist deine Zeit zum Strahlen. Lass es alle sehen. Vor allem lass es dich selbst sehen. Ich wünsche dir, dass du siehst, wie wunderschön du bist.

Jeden Tag.

Warten

J. J.

Worauf warten wir?

Ich warte, du wartest, wir alle warten auf irgendetwas. Sei es die Freundin oder der Freund, die/der mal wieder zu spät kommt. Sei es das Essen, das du gerade bestellt hast, oder der Arzt, in dessen Wartezimmer du gerade sitzt.

Einen Großteil unseres Lebens warten wir.

Doch warum diese Zeit nicht nutzen? Statt zu meckern, dass wir warten müssen, können wir auch jemand anderen nicht warten lassen.

Stell dir vor, jemand hatte dich etwas gefragt und wartet noch auf eine Antwort, während du dich aufregst, dass du gerade warten musst. Es scheint nicht ganz fair zu sein, findest du nicht? Klar, wenn man umsonst wartet, ist das unschön – aber nur, wenn die Zeit verschwendet ist.

Wenn man in der Zeit etwas Produktives macht, ist sie nicht verschwendet und vergeht auch schneller.

Ich warte gerade, während ich diesen Text schreibe. Worauf wartest du? Was machst du beim Warten? Regst du dich auf, wenn du umsonst gewartet hast? Vielleicht solltest du aufhören zu warten und etwas unternehmen.

Etwas anderes ist es natürlich aber, wenn du etwas erwartest. Vielleicht erwartest du einen wichtigen Anruf, auf den du warten musst. Du kannst nichts anderes machen und verschwendest die Zeit also doch mit Warten. Aber warum?

Nutze die Zeit, in der du hier wartest doch, um dich auf das, was dich erwartet, vorzubereiten. Das wichtige

Gespräch kann so schneller zu Ende sein und du musst nicht so lange auf ein Ergebnis warten.

Du kannst die Zeit, in der du warten musst, also nutzen, um eine andere Wartezeit zu verkürzen.

Das Leben ist zu kurz, um nur zu warten.

Also: Steh auf, mach, was dir Spaß macht und vergiss das Warten dabei.

Worauf wartest du noch?

Libelle

M. M.

Libellen sind faszinierende Insekten. Wenn ich diese sehe, muss ich lächeln, denn seit ich mich mit ihrer symbolischen Bedeutung auseinandergesetzt habe, bedeuten sie mir unheimlich viel.

Libellen sind Kreaturen des Wassers. Das Wasser als solches gilt häufig als Zeichen für das Unterbewusstsein. Die Libellen drehen ihre Runden durch die Natur, doch sie halten sich meist nah am Wasser auf und kommen immer wieder dorthin zurück.

Das sagt mir, dass ich selbst die Verbindung zu meinem Unterbewusstsein nicht vernachlässigen sollte.

Es ist wichtig, immer wieder ans tiefe Wasser meines Unterbewusstseins zurückzukehren und mich damit auseinanderzusetzen.

Die Libelle weist eine ausgesprochene Beweglichkeit auf. Dies symbolisiert die Fähigkeit, nicht starr am gleichen Fleck bleiben zu müssen, sondern mutig seinen Weg zu gehen. Wer beweglich ist, kann den individuellen Gefahren des Lebens aus dem Weg gehen und alle Hindernisse überwinden, um die man nicht herum kommt.

Die Libelle steht somit für das Meistern von Herausforderungen und sagt mir: *Lass dich nicht aufhalten. Lass dich nicht unterkriegen. Mach weiter.*

Die Libelle erinnert mich daran, mich immer wieder mit meiner eigenen Stärke zu verbinden. Ich trage diese Stärke in mir, jederzeit, doch manchmal nehme ich sie nicht wahr. Die Libelle ermutigt mich, neu nach meiner inneren Lebenskraft zu suchen.

Den flinken Flug und die Flexibilität der Libelle beeindrucken mich. Diese Aspekte lassen sich für mich auf das Treffen von Entscheidungen übertragen. Wenn ich eine Entscheidung treffe, muss sie nicht endgültig sein. Es gibt immer noch Möglichkeiten, mich weiterzuentwickeln und flexibel eine andere Richtung einzuschlagen, wenn ich mich traue und wenn ich es möchte.

Wie die Libelle hin und her fliegt, steht für das Einnehmen neuer Perspektiven. Die Libelle wirkt neugierig, indem sie sich mal hierhin und mal dorthin begibt, so als wolle sie alles Mögliche auskundschaften.

Für mein Leben ist es ebenso wichtig, verschiedene Blickwinkel einzunehmen. Dadurch lerne ich Neues und ich öffne mein Herz für Unvorhergesehenes.

Die Art, wie diese Insekten fliegen, wirkt so, als seien sie einfach glücklich. Die Libelle symbolisiert Harmonie, Freude und inneren Frieden. Sind das nicht Dinge, die wir uns ersehnen?

Die Libelle hat sehr sensible Flügel. Sie gelangt damit an ihr Ziel, aber sie muss aufpassen, wohin der Wind sie trägt und wenn sie eigentlich woanders hinfliegen will, dann schafft sie das.

Auch ich bemühe mich achtsam zu sein, wohin der Wind der Gesellschaft mich weht, und ob ich mich davon treiben lasse oder mich dagegen stemme.

Wie die Libelle vom Wind getragen wird, zeigt ihre Leichtigkeit, aber auch ihre Stille. Die Libelle ist nicht wirklich hörbar – bis auf das Surren ihrer schillernden

Flügel. Durch diese Stille kann sie ein Symbol für eine tiefe Verbindung mit meinen Gedanken und Emotionen sein. In meinem Alltag ist wichtig, diese beiden Aspekte wahrzunehmen und ihnen nachzuspüren.

Auf diese Weise bleibe ich mit mir selbst verbunden und es entsteht ein innerer Austausch zwischen der Gefühls- und Gedankenwelt, die sich gegenseitig beeinflusst und einen massiven Teil von mir ausmacht. Gerade deshalb ist es wichtig, Stille zuzulassen, um diese innere Sprache zu verstehen.

Die Libelle ist außerdem ein Zeichen für die Weisheit der Veränderung und für den Wechsel.

Ich verändere mich stetig im Leben. Ich bin nicht mehr dieselbe, die ich als Kind war. Nicht mehr dieselbe wie vom letzten Jahr. Ich bin nicht einmal dieselbe wie gestern. Veränderungen können angenehm oder unange- nehm sein, doch alle Veränderungen gehören dazu und sind Erfahrungen, aus denen wir lernen.

Nicht umsonst trägt die Libelle das Symbol der inneren Schönheit in sich – ich finde, Libellen sind wirklich wunderschön. Sie sehen zauberhaft aus.

Ich weiß, dass auch ich innere Schönheit in mir habe, genauso wie jeder andere Mensch. Jeder von uns kann eine schöne Seele besitzen und dafür sorgen, dass sie schön bleibt.

Hättest du erwartet, was für eine tiefe Symbolik die kleine Libelle in sich verbirgt? Ich bin der Meinung, viel von ihr lernen zu können, wenn ich mich darauf einlasse.

Ein letzter Punkt noch: Wusstest du, dass die Libelle manchmal als „Wächterin der Träume" bezeichnet wird? Sie sagt aus, dass Träume in Erfüllung gehen können.

Ich wünsche mir, meine eigenen Träume zu verfolgen und das zu erfüllen, was mir möglich ist.

Angst

J. J.

Was ist Angst?

Sie kann vieles sein. Etwas, um jemanden zu foltern oder ihn zu retten. Etwas, um jemanden in seine Knie zu zwingen oder ihn genau davor zu bewahren.

Angst hat gute und schlechte Seiten. Es ist eine Sache, die mit Entscheidungen einhergeht, die man trifft, schließlich kann man auch Angst vor schlechten Entscheidungen haben. Eine falsche Entscheidung – und die Angst kann stärker werden als die Zuversicht.

Die Angst kann aber auch genutzt werden, um genau dem entgegenzuwirken.

Man trägt die Angst ständig in sich. Man muss sie nur zu hören und und zu nutzen wissen. Wenn man Angst vor schlechten Entscheidungen hat, kann diese hervorgerufen werden.

Die Angst kommuniziert ständig mit Herz und Kopf. Wer kurz davor ist, eine schlechte Entscheidung zu treffen, zögert kurz. Wer das weiß, entscheidet sich meist für genau das andere. Man hat seine Angst für etwas Positives eingesetzt.

Doch natürlich schränkt Angst auch ein. Jeder Mensch hat jederzeit Angst, auch wenn er es nicht zugeben mag. Jeder Mensch hat Angst vor dem Tod. Diese Angst ist vielleicht nicht immer so stark vertreten, aber sie ist da. Wenn ein Auto plötzlich um die Ecke rast und einen fast umfährt, schreckt man zusammen, weil die Angst, die man ohnehin schon in sich trägt, nur noch stärker zum Vorschein kommt durch diesen Trigger.

Der Tod ist nur eine von vielen Ängsten, die man haben kann. Es gibt nicht umsonst meterlange Listen mit den verschiedensten Ängsten. Wohl mit eine der bekanntesten Ängste ist die Arachnophobie – die Angst vor Spinnen. Spinnen können natürlich angsteinflößend sein, doch sie sind nicht so schlimm wie der Tod … auch, wenn sie diesen mit sich bringen können.

Doch es gibt auch seltenere Ängste. Eine davon beschreibt vermutlich die Angst davor, dass ein Fahrstuhl auf einen drauf fällt. Wobei, selten ist das falsche Wort. Denn man trägt jede Angst in sich. Egal, ob es die Angst vor Spinnen, die Angst vor dem Tod oder die Angst vor auf den Kopf fallenden Fahrstühlen ist: Wir tragen jede Angst in uns, nur sind einige eben weniger stark ausgeprägt als andere.

Jemand, der Angst vor der Höhe hat, muss nicht unbedingt Angst vor Abgründen haben. Man könnte meinen, das hängt zusammen, aber dem ist nicht so.

Jemand, der Angst vor Regen hat, hat auch nicht automatisch Angst vor Wasser an sich. Jemand, der Angst vor dem Tod hat, hat nicht gleichzeitig Spaß am Leben. Jemand, der Angst vor seinem zukünftigen Leben hat, wartet aber auch nicht unbedingt auf den Tod.

Angst hat viele Facetten und wenn man sie einmal genauer beleuchtet, dann bemerkt man, dass Angst eigentlich etwas Gutes ist.

Angst beschützt uns vor Gefahren. Einige Menschen denken sogar, dass Ängste sich von früheren Leben entwickelt haben, in denen wir gestorben sind. Heißt, wenn du früher einmal ertrunken bist, wirst du mit einer Angst vor tiefen Wassern wiedergeboren.

Ob man dem nun Glauben schenkt oder nicht, ist eine andere Sache. Doch abschließend gilt es zu sagen:

Wer sich mit seiner Angst auseinandersetzt, braucht sie nicht mehr zu fürchten.

Kleinkind

M. M.

Wenn wir durchs Leben gehen, schauen wir immer zu anderen Leuten auf. Meistens sind das große Persönlichkeiten, die als besonders weise gelten oder die wir bewundern. Tatsächlich gibt es aber auch unzählige kleine Persönlichkeiten, die die größten Vorbilder sind und auf die es sich lohnt, einen Blick zu werfen: Kleinkinder.

Oft werden diese von der Erwachsenenwelt belächelt, weil sie „den Ernst des Lebens erst noch kennenlernen müssen". Weil sie klein und unschuldig sind.

Aber vielleicht ist es gerade deshalb hilfreich, darüber nachzudenken, wie ein Kind lebt. Gerade, *weil* es im Normalfall den Ernst des Lebens noch nicht kennt. Kleine Kinder sind große Vorbilder.

Sie bemühen sich nicht, unbeschwert zu sein – sie sind es einfach. Und das ist unglaublich bewundernswert. Würdest du einem Kleinkind sagen, es müsse sich verstellen, dann wüsste es gar nicht, wie das geht. Kinder sind mit ihrem tiefsten Kern verbunden, weil es sie gar nicht interessiert, was andere von ihnen halten. Sie leben einfach ihr Leben, von einem Tag zum nächsten.

Ein Kind versteckt seine Emotionen nicht, sondern lebt diese aus. Wenn ein Kind traurig ist oder sich wehgetan hat, dann weint es. Es schämt sich nicht für seine Tränen, wie es Erwachsene oft tun. Je älter wir werden, umso mehr gewöhnen wir uns an, Tränen nicht mehr zu zeigen. Wir haben Angst, dass Tränen mit Schwachheit und Versagen gleichgesetzt werden.

Ein Kind kennt diesen Gedanken nicht. Es weint, wenn ihm danach ist, und hört wieder auf, wenn es seine Traurigkeit ausreichend zum Ausdruck gebracht hat. Dann ist es befreit und kann wieder weitermachen. Kinder, denen nicht verboten wird, ihre Emotionen zu zeigen, können besser damit umgehen als jeder Erwachsene.

Wenn ein Kind Trost und Zuwendung braucht, sucht es sich einen vertrauten Schoß, auf den es sich zurückziehen kann oder Arme, die es tröstend einschließen, solange es nötig ist. Erwachsene dagegen gestehen es sich nicht immer ein, wenn sie Trost brauchen. Deshalb frisst die Traurigkeit sie von innen heraus auf und endet in Rückzug und Einsamkeit.

Wenn ein Kind glücklich ist, lacht es. Oder es fängt es an zu singen und zu tanzen – einfach, weil es möchte. Es drückt seine tiefe Freude so aus, wie es sie gerade wahrnimmt. Als Erwachsene erleben wir selten diese Momente, in denen wir unserem Glücksgefühl freien Lauf lassen. Wir können nicht mehr auf dieselbe Art und Weise ausgelassen sein wie ein Kind.

Ist ein Kind unsicher oder ängstlich, wendet es sich an jemanden, der ihm Sicherheit vermittelt. Fühlt ein Erwachsener so, dann versucht er häufig, die Sache mit sich selbst zu klären. Womöglich schämt er sich sogar für seine Unsicherheit und denkt, jemand könne sich darüber lustig machen.

Braucht ein Kind Hilfestellung, bittet es darum. Es streckt die Hände aus auf der Suche nach Unterstützung. Erwachsene möchten oft um jeden Preis alles alleine schaffen. Sie denken, sie hätten versagt, wenn sie Hilfe hinzuziehen oder sie halten sich für schwach und gar dumm. Aber irgendwann verzweifelt auch ein Erwachsener an einer Aufgabe, die er nicht alleine meistern kann. Und schließlich geht gar nichts mehr, weil alles zu lang ausgehalten wurde.

Wenn einem Kind etwas unklar ist, stellt es Fragen, bis es sein Interesse gestillt hat – und wenn es Fragen wiederholt, ist es ihm egal. Im Gegensatz dazu stellt ein Erwachsener manchmal Fragen gar nicht oder nur ein einziges Mal. Nicht immer begreift er sofort, doch trotzdem ist es unangenehm, nachzuhaken. Schließlich könnte das Gegenüber ihn für begriffsstutzig halten. Als Erwachsener findet man sich deshalb oft damit ab, etwas nicht verstanden zu haben oder versucht, sich das fehlende Wissen woanders anzueignen, um nicht für unintelligent gehalten zu werden.

Wenn ein Kind wütend ist, brüllt und stampft es und lässt die Wut heraus. Erwachsene lernen mit der Zeit, Wut zu unterdrücken. Wir denken, Wut ist schlecht, deshalb wollen wir sie nicht immer wahrhaben. Aber je länger wir unsere Wut unterdrücken, umso größer ist die Gefahr, dass sie irgendwann trotzdem ausbricht, weil das Fass voll ist. Und dann artet es zum Beispiel sogar in selbstschädigende Verhaltensweisen, Aggression oder Gewalt aus.

Kleinkinder sind wissbegierig und neugierig. Sie lernen gerne Neues und wenn es nicht auf Anhieb klappt, dann ist es nicht schlimm. Erwachsene haben genauso den Wunsch, Neues zu versuchen, aber sie befürchten, sich zu blamieren. Deshalb lassen sie viele Chancen verstreichen.

Kleinkinder sind ausdauernd. Das Laufenlernen ist ein unglaublicher Prozess. Säuglinge beginnen damit, mit Armen und Beinen zu rudern. Den Kopf zu heben. Irgendwann setzt ein Kind sich auf. Es beginnt zu kriechen und zu krabbeln. Mit der Zeit übt es, sich an Gegenständen hochzuziehen, um zu stehen. Es läuft an der Hand. Und wenn es sicher ist, lässt es diese Stütze los. Trotzdem läuft es nicht sofort perfekt. Es stürzt sehr oft, doch es rappelt sich wieder auf und übt weiter. Ein Kind lässt sich nicht entmutigen, obwohl es so viele Versuche braucht.

Ein Erwachsener gibt irgendwann frustriert auf, wenn er etwas nicht schafft. Er denkt, er wird es nie schaffen … doch eigentlich müsste er nur genauso konsequent bleiben wie ein Kleinkind, das das Laufen erlernt.

Ein kleines Kind ist vorbildhaft im intuitiven Essen. Es isst, wenn es hungrig ist, es hört auf, wenn es satt ist. Es hat einen besseren Zugang zu seinem Körper. Ein Kind hört auf die körperlichen Signale noch ganz anders als ein Erwachsener.

Wenn wir älter werden, beginnen wir, uns Gedanken darüber zu machen, was wir essen dürfen. Wir zählen Kalorien, machen Diäten, verbieten uns Lebensmittel, die „schlecht" sein könnten. Aber würden wir intuitiv essen, würden wir automatisch genau so viel essen, wie wir brauchen. Wir hätten eine ausgewogene Ernährung, wenn wir uns nur erlauben würden, unserem Körper so zu vertrauen wie ein Kleinkind es ganz selbstverständlich tut.

Kleinkinder haben tiefes Vertrauen. Ein Kind lässt sich ohne zu zögern einfach fallen – wortwörtlich sogar – weil es nicht daran zweifelt, dass es von den Eltern aufgefangen wird. Ein Kind zeigt seine Liebe im Gegensatz zu Erwachsenen noch ganz offen.

Kinder sind ehrlicher als alle anderen. Ein Kleinkind weiß nicht, wie man lügt. Es ist ehrlich und vollkommen authentisch zu sich und zu anderen. Man sieht diese Ehrlichkeit … Kinderaugen sind ein Spiegel ihrer Seele.

In Kinderaugen sieht man Offenheit für ihr Gegenüber. Kinderaugen können auf eine Weise strahlen, wie es die Augen eines Erwachsenen nicht mehr tun, weil er eine Blockade aufgebaut hat. Sieh einmal einem Kind und danach einem Erwachsenen in die Augen … du wirst den Unterschied sehen und wissen, was ich meine.

Kinder haben die Fähigkeit, sich über Kleinigkeiten zu freuen. Sie beherrschen das Staunen. Viele Erwachsene bringt nichts mehr zum Staunen, weil Kleinigkeiten nicht mehr als Besonderheit wahrgenommen werden.

Kinder sind tolerant. Ein Kleinkind unterscheidet nicht wirklich zwischen Hautfarbe, Religion und Sprache, bis es dies von den Erwachsenen übernimmt.

Wenn Kinder irgendwann beginnen zu lügen, Gefühle zu verdrängen und sich zu verstellen, oder wenn sie beim Aufwachsen das Gefühl bekommen, nicht richtig zu sein, dann liegt das meiner Meinung nach nicht daran, dass sie es schon immer in sich getragen haben. Nein, es liegt daran, dass sie es von ihrem Umfeld annehmen, sobald sie älter werden und das Paket namens „Selbstzweifel & Unsicherheit" sich einschleicht. Das sind Dinge, die sich durch das weitere Leben ziehen.

Erwachsene sehnen sich deshalb manchmal danach, erneut ein Kind sein zu können. Wieder unbeschwert zu sein, wieder alles fühlen zu dürfen … Wieder sie selbst sein zu dürfen. Aber wer außer uns selbst verbietet uns ausdrücklich, das zu tun und zu sein?

Diese Sehnsucht ist normal, weil jeder ein Kind in sich trägt. Egal, wie alt jemand ist: Das innere Kind ist da.

Manchmal kommt es stärker zum Vorschein, wenn wir im Leben schwere Last tragen, weil wir uns dann an die Leichtigkeit erinnern und sie uns schmerzlich zurückwünschen.

Es ist unmöglich, die Zeit zurückzudrehen. Aber indem du dich um deine Bedürfnisse kümmerst, kannst du dein inneres Kind wahrnehmen, es versorgen und tröstend in den Arm nehmen. So findet das innere Kind Frieden und Geborgenheit in dir.

Musik

J. J.

Wir alle hören gern Musik, das ist wohl klar. Es gibt kaum einen Menschen, der das nicht gern tut und es gibt auch nur wenige Menschen, auf die Musik keine Wirkung hat. Musik schafft unglaubliche Dinge. Sie verstärkt nicht nur unsere Gefühle, sondern hat manchmal sogar die Kraft, diese zu beeinflussen.

Dafür habe ich drei Beispiele mitgebracht, die wir jetzt einmal durchgehen. Bei allen ist es wichtig, dass du dir genau vorstellst, dass du in dieser Situation bist. Am besten legst du dir vier Lieder bereit, die du dir anhörst, während du liest.

Du wirst ein Lied aus dem Rock-Bereich brauchen. Ein Lied, das dich traurig macht. Dein absolutes Lieblingslied und ein Lied, das sehr ruhig ist (vielleicht etwas aus der Romantik). Wenn du alles zusammen hast, dann können wir loslegen. Mach dir den Rock-Song schon an, aber pausiere ihn noch, bis dir im Szenario gesagt wird, dass die Musik spielt.

Nun beginnen wir mit Szenario eins. Du bist auf einem Festival mit ein paar Freunden. Du bist gerade noch mal zu deinem Zelt gelaufen, um dir eine Dose deines Lieblingsgetränks zu holen. Es ist nicht gerade das süßeste. Du bist auf dem Weg zum Konzertplatz, wo die Band gleich ihren nächsten Song spielt, als plötzlich jemand in dich hineinrennt.

Dein gesamtes Getränk leert sich dabei über dir aus und die Musik beginnt auch noch zu spielen. Du stehst auf und fragst die Person, was das sollte und sie sagt nur, sie hätte nicht aufgepasst.

Normalerweise würdest du sagen, dass alles gut ist und dass so etwas mal vorkommen kann, doch wie sieht es mit der Musik aus? Würdest du trotz der Musik deine Wut einfach herunterschlucken oder ihr ausnahmsweise mal freien Lauf lassen? Die Musik ist immerhin so laut, da würde es keiner außer euch beiden mitbekommen.

Ein komisches Szenario, ich weiß. Deswegen hier etwas Realistischeres. Leg dir am besten das traurige Lied schon bereit.

Gehen wir davon aus, du wolltest dich heute mit deinem besten Freund oder deiner besten Freundin treffen. Es fängt aber plötzlich an zu regnen wie aus Eimern. Ihr müsst das Treffen also abbrechen, obwohl ihr euch ein halbes Jahr nicht gesehen habt.

Du gehst etwas traurig in dein Zimmer und setzt dich auf dein Bett. Du hörst, dass deine Mutter jetzt wie immer Violine übt und zwar nicht gerade das fröhlichste Stück. Du lauschst den Tönen und bist kurz neben dir. Ignorierst du deine Trauer erst mal oder lässt du ihr und den eventuellen Tränen einfach freien Lauf? Mach die traurige Musik einmal aus und wir spulen etwas zurück.

Selbes Szenario. Ich wolltet ihr euch treffen, es regnet, es klappt nicht. Du sitzt wieder auf deinem Bett, aber deine Mutter kommt zu dir herein und spielt dir dein absolutes Lieblingslied vor. Was denkst du jetzt?

Bist du immer noch so traurig wie vorher? Oder denkst du darüber nach, dass es vielleicht auch gute Seiten hat?

Ein letztes Beispiel haben wir noch. Stell dir vor, du sitzt abends ganz entspannt auf der Couch und schaust mit der Familie einen Film. Er ist recht spannend und es kommt eine Kampfszene. Doch irgendjemand scheint das Ganze komisch geschnitten zu haben, denn die Musik, die dazu läuft, ist ganz ruhig. Es sieht nicht so aus, als würden die Menschen wirklich kämpfen, sondern eher gemeinsam tanzen.

Wir haben hier drei Beispiele mit Musik, die immer etwas anderes bewirkt haben. Im ersten wurden Emotionen verstärkt, im zweiten Emotionen manipuliert und im dritten wurde einfach gezeigt, was für eine Auswirkung Musik auf gewisse Momente haben kann.

Das alles funktioniert nicht bei jedem, doch bei vielen schon. Und ganz besonders, wenn man die schönste Melodie aller Zeiten spielt: Empathie.

Empathie heißt nicht umsonst *mitfühlen*. Du kannst mit der anderen Person mitfühlen und sie so entweder in ihrem Gefühl bestätigen, sie auf einen anderen Pfad bringen, der etwas schöner ist, oder sie einfach aufheitern, indem du etwas Untypisches machst.

Was du auch machst: Lass bitte nie die Melodie der Empathie verstummen.

Auffallend anders

M. M.

Ich falle auf.

Jeden Tag falle ich auf.

Wenn ich unterwegs bin, steche ich heraus. Ich freue mich innerlich jedes Mal, wenn ich jemandem begegne, der mir ähnlich sieht, denn dann weiß ich, dass es nicht schlimm ist. Ist es auch nicht. So sehe ich eben aus. Das bin ich. Ich kann nicht aus meiner Haut, obwohl ich es manchmal möchte.

Dieses Merkmal ist manchmal eine Last für mich, doch es gibt Leute, die bewundern mich sogar dafür. Dass sie etwas bewundern, was für mich bedrückend sein kann, liegt daran, dass sie sich nicht in meine Situation hinein- versetzen können. Sie sagen mir: „Ich würde total gerne so aussehen wie du" oder dass sie diese Sache echt gern selbst hätten.

Nie weiß ich, was ich darauf antworten soll. Meistens sage ich nicht wirklich etwas. Ich lächle und sehe zu, dass ich so schnell wie möglich das Thema wechsle. Wenn Leute so etwas zu mir sagen, spüre ich gemischte Gefühle. Aber ich fühle mich nicht wirklich geschmeichelt davon. Ich habe nichts gegen Komplimente. Jeder hört gern ehrliche Komplimente; sie tun gut.

Aber diese Aussagen sind keine Komplimente für mich. Sie machen mich eher wütend. Wütend, weil ich mir denke: Du hast doch keine Ahnung, wie das ist. Du hast keine Ahnung, wie mein Alltag beeinflusst wird durch mein Aussehen – leider nicht immer im positiven Sinne.

Du hast keine Ahnung, welchen Anfeindungen ich mich gegenübersehe, mit denen ich wohl leben muss. Wegen etwas, wofür ich nichts kann, wegen etwas, womit ich geboren wurde. Du hast keine Ahnung, dass ich manchmal Angst habe, unterwegs zu sein, weil es Leute gibt, die etwas gegen mich haben und mich das offen spüren lassen. Ich traf Leute, die mir im Vorbeigehen Schimpfworte an den Kopf geworfen und gelacht haben oder die hinter meinem Rücken geredet haben. Und ich lasse es über mich ergehen, weil ich Angst vor deren Reaktion hätte, wenn ich ihnen meine Meinung sage. Ihre Worte könnten noch schlimmer werden und würden sich unauslöschlich in meinen Kopf eingravieren, wie schon so manche zuvor.

Das sind fremde Menschen, die ein Urteil über mich abgeben, wegen etwas, das zu meiner Identität gehört. Sie ziehen damit einen Teil meiner Persönlichkeit durch den Dreck. Du hast keine Ahnung, was das mit meiner Seele angerichtet hat. Wenn ich so durch den Dreck gezogen werde, bin ich innerlich aufgeschürft und wund.

Du hast keine Ahnung, wie weh es tut, wenn dich jemand für etwas schief ansieht, was einfach DU bist. Du hast keine Ahnung, welche Unsicherheit es auslöst, dass Leute mir hinterhergaffen und ich nicht weiß, wie das zu deuten ist. Denken sie etwas Neutrales oder nicht? Es könnte beides der Fall sein und ich erfahre es nicht, wenn die Leute nur starren.

Ich hasse es, angestarrt zu werden. Aber ich kann nicht in der Masse untergehen. Egal, in welcher Gruppe ich unterwegs bin: Ich bin diejenige, die zuerst ins Auge sticht. Hätte ich dieses bestimmte Merkmal nicht, wäre ich wohl unscheinbar … oder ich könnte zumindest entscheiden, wann ich unscheinbar sein will und wann ich mich präsentieren will, sodass die Leute mich wahrnehmen.

Aber in meinem Fall … ich bin nie unscheinbar. Wenn ich versuche, unsichtbar zu werden, falle ich trotzdem auf. Und wenn ich mal in der Stimmung bin, mich besonders zurechtzumachen, dann nur noch mehr. Aber unauffällig sein? Gibt es kaum bei mir. Ich bin nur unauffällig, wenn ich unter Leuten bin, die alle so aussehen wie ich. Und das hatte ich in diesem Land noch nie. In all meinen bisherigen Lebensjahren nicht.

Ich kann mich so verhalten wie alle anderen – trotzdem falle ich auf. Trotzdem bleibe ich leichter im Gedächtnis. Oft ist das sehr schwer. Ich wünschte, die Gesellschaft, in der ich lebe, würde es mir nicht so schwer machen. Denn was ist schon dabei, wie ich aussehe?

Warum werden äußere Merkmale überhaupt als Andersartigkeit gesehen? Ich bin vielleicht äußerlich anders … aber eigentlich bin ich gar nicht anders als du. Oder anders als irgendjemand. Ich lebe ganz genauso. Ich kann genauso tun, was ich will. Ich bin genauso ein Mensch und mein Äußeres ist nur eine Verpackung.

Aber ich falle auf. Jeden Tag falle ich auf.

Ist es tatsächlich das, was du willst? Nein. Ganz ehrlich: Das willst du nicht wirklich. Würdest du einen Tag mit mir tauschen, dann hättest du Einblick in die Ausgrenzung, die ich erlebe. Du würdest erleben, wie verloren ich mich oft fühle. Nur wegen meines Aussehens.

Du würdest erkennen, welchem Druck ich ausgesetzt bin, weil ich trotzdem versuche, mich anzupassen, wo ich kann.

Ich will nicht anders sein. Eigentlich bin ich es auch nicht. Aber ich bekomme das Gefühl, dass ich es bin. Es muss sich noch viel ändern in der Gesellschaft. Vielleicht geschieht es auch nie, solange ich lebe. Es könnte Jahrhunderte dauern. Vielleicht Jahrtausende.

Solange muss ich mit meiner Andersartigkeit leben und lernen, sie zu akzeptieren. Das bin ich. Das gehört zu mir. Ich will diesen Teil meines Selbst eines Tages vollständig umarmen.

Du hast keine Ahnung, was du sagst, wenn du äußert, so aussehen zu wollen wie ich. Du hast keine Ahnung, wie es ist, in meiner Haut zu sein.

Talent oder Können?

J. J.

Es soll Menschen geben, die ein sogenanntes „Talent"
haben. Andere sagen, es ist nichts anderes als Übung,
doch es gibt zwischen Können und Talent einen riesigen
Unterschied.

Etwas zu können ist eine Sache, die man sich
antrainiert. Ein Talent muss man zwar fördern, aber das ist
lange nicht so schwer, wie etwas Neues zu erlernen.

Ein Talent kann eigentlich alles sein. Manche haben das
Talent, besonders gut zeichnen zu können, andere können
besonders gut singen, wieder andere sind besonders
sportlich, schlau, oder ausdauernd. Jeder hat irgendetwas … Jeder hat ein gewisses Talent oder eine Sache,
die er eben besonders gut kann.

Doch was ist es wohl bei mir? Die Tatsache, dass ich
das hier schreibe, ohne mir Gedanken darüber zu machen,
würde wohl auf „Improvisation" schließen, aber ist es
wirklich nur das? Und ist es etwas, das man wirklich
trainieren kann? Vielleicht sollten wir das alles einmal aus
einem anderen Blickwinkel betrachten.

Improvisation, genau wie musikalisches und zeichne-
risches Talent, ist nur ein kleines Bruchstück vom großen
Ganzen: das eine Talent, das sich „Kreativität" nennt. Ein
Talent, das viele haben, nur leider nicht nutzen.

Ich würde fast so weit gehen, dass jeder ein Fünkchen
Kreativität in sich trägt. Ich würde aber auch so weit
gehen und sagen, dass man Kreativität nicht trainieren
kann. Man kann vielleicht üben, wie man diese Kreativität

zum Ausdruck bringt, aber man kann sich keine Kreativität antrainieren. Jemand, der sich Sachen nicht vorstellen kann, wird das auch mit viel Übung nicht können.

Aber da ist es wieder ... was ist dann das Talent dieser Menschen? Einige würden sagen, es hat etwas mit Wissen zu tun. Wer nicht viel fantasiert, konzentriert sich mehr auf das, was da ist und hat es beim Lernen leichter, weil man sich nicht ablenken lässt. Doch auch das ist Schwachsinn. Viele mit großer Kreativität haben es leichter, Dinge zu lernen.

Doch was können dann Menschen ohne Kreativität?

Sie können eines der wichtigsten Dinge, die es gibt. Sie können Menschen gut zuhören und das erfreut jeden Tag jene, denen es nicht gut geht. Sie haben eben ein Talent fürs Zuhören. Am Ende des Tages kann man also sagen, dass jeder Mensch ein Talent hat. Und die, die es nicht haben, haben das Talent, ohne eines zu leben.

Fallen

M. M.

Es gibt Momente im Leben, in denen man fällt. Gerade noch schien alles gut zu sein und dann … stürze ich ab, in irgendein tiefes, dunkles Loch, und weiß erst einmal nicht, wie ich mich wieder herausziehen soll. An welchem Abgrund stand ich? Und welchen Namen hat das Loch, in das ich gefallen bin?

Manchmal gehe ich unbeschwert dahin, bis ich plötzlich mit dem Fuß hängen bleibe. Ich falle hin. Ich kann weich fallen, aber auch hart. Auf Gras oder auf Stein. Ich kann mir wehtun oder nicht.

Hinfallen ist normal im Leben, denn es gibt immer Dinge, die sich mir unerwartet in den Weg stellen oder mich förmlich überfallen. Diese Hindernisse sehe ich oft nicht auf den ersten Blick, genau deshalb stürze ich. Dann sitze oder liege ich verwunde(r)t oder erschrocken auf dem Boden, sehe hin und her auf der Suche nach der Stolperfalle und frage mich: Warum bin ich hingefallen? Welche Situation meines Lebens hat mich zu Fall gebracht?

Das Gute ist, dass du niemals liegen bleiben musst. Egal, wie oft du in ein Loch gefallen bist, du kannst wieder herausklettern. Egal, wie oft du hinfällst, irgendwann wirst du wieder aufstehen und weitergehen.

Oftmals falle ich nicht hin, sondern ich falle auf. Auffallen kann ich im positiven sowie im negativen Sinne. Wenn ich auffalle, liege ich zwar nicht unbedingt am Boden, aber es kann genauso unangenehm sein. Es kann in der Seele schmerzen, wenn ich dabei Leuten auffalle, die mir Verachtung entgegenbringen. Es ist unangenehm, anderen zu missfallen, denn niemand möchte freiwillig bei anderen Personen negativ auffallen.

Es ist angenehmer, positiv aufzufallen, vielleicht, wenn dir jemand ein Kompliment macht. Wenn du Anerkennung für etwas bekommst und dich das beflügelt. Womit fällst du auf? Bekommst du Missfallen oder Beifall?

Eigentlich wollen wir alle dasselbe: Anderen gefallen. Wir bemühen uns, in die Gesellschaft zu passen, um ihr zu gefallen, und merken dann manchmal, dass wir uns dabei selbst nicht mehr gefallen. Also … vielleicht ist es nicht das Beste, anderen gefallen zu wollen. Von Zeit zu Zeit muss ich mir selbst einen Gefallen tun und mich nur bemühen, mir selbst zu gefallen. Gefällst *du* dir?

Es gibt Menschen, die mich in meinem Leben schon fallen ließen. Denen ich vertraute und die mein Vertrauen missbrauchten. Es gibt Leute, die mir Fallen gestellt und mich ausgenutzt haben, als ich zu Fall kam. Es gibt die, deretwegen ich mich wie Abfall fühlte, weil sie mich schlecht behandelt haben oder weil sie mich einfach weggeworfen haben, wenn sie mich nicht mehr brauchen konnten.

Ich hatte in meinem Leben außerdem schon den ein oder anderen Rückfall in alte, schädliche Gewohnheiten. Bei jedem dachte ich, ich bin so tief gefallen, dass ich wieder am Anfang stehe. Aber ich konnte lernen, dass ich dabei sogar oft nach vorne falle und ein Stück weiter komme, auch, wenn ich es erst hinterher merke.

Denn einen Rückfall kann ich analysieren und mich fragen: „Was war der Auslöser dafür?"

Wenn ich mich damit befasse, lerne ich für das nächste Mal, wenn ich mich in der gleichen Situation wiederfinde. So wird aus einem Rückfall ein Vorfall.

Das Schönste ist es, wenn ich mich fallen lassen kann. Wenn ich nicht über jeden noch so kleinen Schritt nachdenke, sondern ihn einfach gehe. Wenn ich mich völlig entspanne und in mir ruhe. Wenn ich mich in einer Freundschaft fallen lassen kann, weil ich das Vertrauen habe, aufgefangen zu werden.

Wir sehen, dass es viele Varianten gibt, die mit dem Fallen zu tun haben.

Egal, welche Formen du schon am eigenen Leib erlebt hast, sie haben dich auf ihre Weise geprägt.

Das Leben wird dir vielleicht noch weitere Fallen stellen, aber es geht trotzdem weiter.

Tu dir selbst einen Gefallen, indem du das tust, was dir gefällt und dafür sorgst, dir dabei selbst noch zu gefallen.

Fußweg

J. J.

Es ist ein Samstagabend, neunzehn Uhr. Ein Großteil aller Menschen hat Feierabend.

Ich sowie einige andere haben uns entschieden, zumindest einen kleinen Teil zu laufen. Der Gehweg ist voll und ich muss eine kleine Menschenmenge durchqueren, die mir den Blick versperrt.

Erst, als ich den Weg wieder sehe, wird mir klar, wie viel und wenig doch gerade gleichzeitig passiert ist.

Noch vor dem Betreten der Menge hab ich zwei Jugendliche gesehen, die mit einem Bier anstießen. Einer von ihnen wurde vermutlich sechzehn oder achtzehn Jahre alt und das wollten sie gebührend feiern. Wenn ich so zurückdenke, waren diese beiden Geburtstage nichts Besonderes. Am sechzehnten war ich alleine und den achtzehnten habe ich auf der Arbeit verbracht.

Da war nun mal nicht viel mit Feiern, aber das bedeutet nicht, dass ich das anderen nicht gönne. Man wird schließlich nur einmal achtzehn … man hat aber auch nur eine Leber.

Als ich ein Stück weiter ging, kam ich an einer Männergruppe vorbei, die lautstark diskutierte, was sie heute gemeinsam essen würden. Sie haben es geschafft, nicht nur meine Musik, sondern auch den anderen Lärm komplett zu übertönen.

Glücklicherweise haben sie mich direkt daran erinnert, dass ich auch noch etwas essen muss, sonst würde ich wohl verhungern.

Ein kleines Stück weiter sah mich ein lächelndes Gesicht an. Dasselbe Gesicht, das mich jeden Tag anlächelt und diesen Trubel nicht gewohnt ist. Wie immer gebe ich dem Obdachlosen, mit dem ich schon das ein oder andere schöne Gespräch hatte, etwas von dem Essen, das ich von der Arbeit mitgebracht habe, und wünsche ihm noch einen schönen Tag.

Klar, einige fragen sich, warum ich ihm kein Geld gebe … Aus dem Grund, weil er das nicht möchte. Er bat mich darum, also mache ich es nicht.

Ein kleines Stück weiter war ein älteres Pärchen sichtlich überfordert mit der Masse, weshalb ich ihnen kurz aus der Menge heraushalf. Sie sahen glücklich aus … hatten vermutlich gemütlich etwas gegessen und waren auf dem Weg nach Hause. Sie sahen in der Menge zumindest ziemlich verloren aus.

Ich schaffte es, mich weiter durch das Gedränge zu bewegen, bis ich an einer Frauengruppe vorbeikam, die noch über etwas zu diskutieren schien. Ich hörte nicht, worüber, doch ich war mir sicher, dass es etwas mit den riesigen Absätzen der einen Frau zu tun hatte.

Nach der Frauengruppe schaffte ich es heraus und eine kleine Familie kam mir gerade noch entgegen.

Ich empfahl ihnen, lieber die Straßenseite zu wechseln oder kurz auf der Straße zu laufen, damit keines der Kinder verschwindet, und mit einem Nicken wechselten sie die Seite.

Und nun bin ich hier. Der Trubel ist vorbei und ich stehe still. Meine Musik ist plötzlich aus und ich kann kurz innehalten. All der Lärm von eben scheint zu verstummen.

Erst am Ende bemerke ich, was tatsächlich passiert ist: Ich bin hier nie entlang gelaufen.

Ich habe mich gerade nur durch meinen Kopf gekämpft. Diese Menge an Ideen zwischen all dem, was wirklich wichtig ist. Die Jugendlichen oder auch mein Sehnen nach Spaß und etwas Freiheit. Die Männergruppe oder auch mein Überlebenssinn, der mir sagt, dass ich endlich wieder was essen soll.

Der Obdachlose, der die Gutmütigkeit in mir wieder weckt und mich erinnert, dass es immer Menschen geben wird, die sich um mich kümmern werden. Das ältere Pärchen oder auch meine Gedanken ans Altern und den Tod. Die Frauengruppe oder auch ein Großteil meines Kopfes, der darüber diskutiert, welches Gefühl wohl am höchstgelegenen ist.

Und am Ende die Familie ... die Kinder ... oder um genau zu sein: Ich selbst. Ich, die mich warnt, mich selbst nicht zu verlieren und lieber in Zukunft einen anderen Weg zu wählen.

Meinen Kopf ... meine Gedanken ... all das, was ich sonst nicht sortieren kann, habe ich durchquert und dabei erst so wirklich gemerkt, wie abstrakt manche Dinge doch sein können.

Hoffnungsvoller Frühling

M. M.

Ich liebe es, wenn die Natur nach dem Winter langsam wieder beginnt zu grünen. Wenn die Tage nach und nach länger werden und die Dunkelheit sich zurückzieht.

Ich liebe es, neue Knospen zu sehen, die aus der Erde sprießen, und die zarten Triebe an den Zweigen der Bäume. Ich nehme wahr, wie die Sonnenstrahlen kräftiger werden und ihre Wärme bis in mein Inneres dringt.

Endlich sehe ich wieder Farben, wenn ich nach draußen sehe, anstatt des eintönigen, trostlosen Grau-Weiß, das den Großteil des Winters beherrscht.

Wenn der Winter vergeht, kehrt das Leben wieder. An einem Frühlingstag höre ich bereits früh am Morgen das Zwitschern der Vögel, die sich aufgeregt zu unterhalten scheinen und deren glockenhelles Tirilieren wie ein Lobgesang auf die neu erwachende Schöpfung wirkt.

Ich mag das Gefühl, das gemeinsam mit dem Frühling in mein Herz einzieht: Hoffnung.

Der Frühling bringt Hoffnung, weil er für das Leben selbst steht. Nicht nur die ganze Natur mit Tier- und Pflanzenwelt wird bunt und lebendig, auch wir Menschen spüren wieder mehr Leben in uns, weil wir die Helligkeit und die Wärme genießen.

Meiner Meinung nach ist der Frühling ein Neuanfang, der jedes Jahr wiederkehrt. Alles, was im Herbst und Winter an Pflanzen abstirbt, treibt neu aus.

Die Bäume, die ihr buntes Laub im Herbst abgeworfen haben, scheinen es nur getan zu haben, um sich auf etwas

Neues vorzubereiten und Platz für ihr frisches, zartes Frühlingsgewand zu machen. Vielleicht ist es für uns Menschen eine Aufforderung, es der Natur gleichzutun.

Du und ich, wir kennen das Gefühl, wenn alte Dinge uns belasten. Wenn sie hartnäckig sind, obwohl es längst Zeit wäre, sie gehen zu lassen. Altes auszumisten und wegzuwerfen, um Platz zu schaffen. Mit Situationen abzuschließen, die in der Vergangenheit bleiben müssen, um überhaupt vorwärtszukommen. Menschen loszulassen, von denen wir wissen, dass sie uns mehr wehtun als dass die Beziehung zu ihnen Frucht bringt.

Das alles ist schwer … aber all das sind Möglichkeiten, im Leben aufzuräumen und einen inneren Frühjahrsputz durchzuführen. All das sind Chancen auf einen Neuanfang, damit sich dein Herz wieder leichter anfühlt.

Eine solche innere Entrümpelung ist nicht nach einem Mal getan. So wie die frühlingshafte Natur sich weiterentwickelt, so entwickelst auch du als Person dich weiter. Du wächst an den Herausforderungen und Erlebnissen, die sich das Jahr über ansammeln. Und dann kann es wieder Dinge geben, die du gehen lassen solltest. Immer und immer wieder.

Die Jahreszeiten können dich daran erinnern, was eine deiner Aufgaben im Leben ist: Manchmal musst du dein altes Laub abschütteln wie der Herbst. Danach musst du eine Zeit lang kahl und verletzlich wie ein Baum im Winter sein, um neu herauszufinden, was du möchtest und was dir fehlt. Es kann eine Zeit in deinem Leben sein, in der du an Hoffnung verlierst und traurig und still bist.

Aber dann kommt der Frühling ... und lädt dich ein. Hier treiben die Knospen in deinem Leben wieder aus, wenn du Neues wagst, einen Schritt nach vorne auf deinem Lebensweg machst und erkennst, dass wieder etwas in dir wächst; wenn sich dein Inneres erfrischt und leichter anfühlt.

Noch ist alles vielleicht zart und zögernd, vielleicht brechen auch Frost und Kälte noch einmal unerwartet über dich herein, aber du kannst sicher sein, dass beides vergeht. Der Frühling wird den Winter ablösen, darauf kannst du dich verlassen.

Und bald schon wirst du prachtvoll in Blüte stehen und selbst laut und freudig singen wie ein Vogel. Lass alle dein Lied hören.

Dann wirst bis zum Sommer und in den Herbst hinein weiter wachsen, bis du langsam wieder in dich hineinhorchst und dich zurückziehst wie ein Tier für den Winterschlaf. Hier bist du erneut an dem Punkt, dein Leben zu überdenken, dich von Altem und Unnötigem zu trennen und neue Ziele für die kommende Zeit zu setzen.

Es ist ein Kreislauf der Natur und ein Kreislauf des Lebens. Darin gibt es für alles eine Zeit. Eine Zeit des Loslassens, eine Zeit für Verletzlichkeit und Kahlheit, eine Zeit des Neuanfangs und des Wachstums und eine Zeit der Fülle. Jede dieser Zeiten hat ihren Sinn und ihre Wichtigkeit.

Lass dich immer wieder vom Frühling anstecken mit der Erinnerung an einen neuen Anfang, damit der Kreislauf in Bewegung kommt. Lass die Frühlingssonne in dein Herz scheinen und die winterliche Düsternis in dir vertreiben.

Lass zu, dass das Leben wieder in dich kehrt und dich mit neuer Hoffnung und Wärme erfüllt. Du kannst selbst entscheiden, wann dein eigener Frühling stattfindet. Dieser könnte an deinem Geburtstag beginnen, wenn du ein neues Lebensjahr vor dir hast. Oder zum Jahreswechsel, wenn man sich sowieso häufig Gedanken über das vergangene Jahr und neue Vorsätze macht. Vielleicht wählst du tatsächlich dieselbe Zeit wie die Natur. Oder du beginnst genau jetzt.

Ich wünsche dir den nötigen Mut und die Kraft für deinen bewussten inneren Frühjahrsputz, wann auch immer du damit beginnst.

Vergiss nicht: Du kannst dich jeden Tag für einen hoffnungsvollen Neubeginn entscheiden.

Das Ende

J. J.

Das Ende ist für viele eine Erlösung. Egal, was auch enden mag. Seien es die Schule, Schmerzen, oder vielleicht sogar das eigene Leben. Wenn das Leben zu Ende ist, dann hat man in den meisten Fällen ein erfülltes Leben gehabt. Das trifft leider nicht immer zu, aber bei den Leuten, die ein frühzeitiges Lebensende haben, wird es immerhin keine anderen geben. Keine Enden, die sie noch verletzen können.

Allerdings wird man dann auch die vielen schönen Enden nicht mehr erleben, die es sonst gegeben hätte. Beispielsweise kann eine schlechte Beziehung zu Ende gehen, die einen guten Neuanfang ermöglicht hätte.

Viele Dinge, die enden, sind auch unschön. Eine tolle Serie oder ein tolles Buch kann enden. Eine Freundschaft kann enden. Das Leben einer dir nahestehenden Person kann enden.

Doch worauf will ich hinaus? Alles endet irgendwann und nichts wird ewig halten. Weder du noch ich oder sonst irgendwer. Sicher wirst du dich fragen, warum ich dir das sage: Weil ich dir auch zeigen möchte, wie du dem entkommen kannst. Nicht dem Ende, aber der Angst davor.

Wer jeden Tag alles tut, was in seiner Macht steht, um diesen Planeten zu verbessern, hat ein erfülltes Leben.

Machst du das? Tust du jeden Tag alles, um den Planeten zu verbessern? Das ist eines der Dinge, die du tun kannst. Kümmerst du dich um andere? Hast du dich jemals um jemand anderen gesorgt als um dich? Das ist auch eines der Dinge, die du tun kannst. Aber natürlich lebst du nicht nur für die anderen, denn Selbstfürsorge ist genauso wichtig wie die Sorge um andere.

Hast du schon einmal drüber nachgedacht, anstatt das Auto zu nehmen einfach die paar Meter zu laufen? Wenn ja, hast du alles richtig gemacht.

Im Allgemeinen kann man sagen, wenn du auch nur einmal in deinem Leben an jemand anderen als dich selber gedacht hast, hast du etwas Gutes getan und damit den Planeten etwas verbessert.

Eventuell bist du gerade alleine zu Hause und fragst dich: „Was kann ich machen? Ich habe kein Geld, um Obdachlosen zu helfen oder einen Baum zu pflanzen".

Was ich dir raten möchte: Das Internet ist ein toller Ort voll mit Leuten, die sicher gerne mit dir reden. Die den ganzen Tag nur darauf warten, gefunden zu werden. Diesen Menschen kannst du den Tag versüßen und auch damit hast du etwas Gutes getan. Und jeder, der etwas Gutes getan hat, sollte sein Leben als erfüllt ansehen. Es kann noch so klein sein, doch alles was du machst, hat eine Reaktion.

Auf jeden Anfang folgt nun mal ein Ende. Und wenn dein Ende gekommen ist, denke an deinen Anfang. Geh vom Anfang bis hin zu deinem Ende und denk an alles, was du begonnen und beendest hast.

Was hast du Tolles gemacht? Wem hast du geholfen? Wem hast du ein Lächeln aufs Gesicht gezaubert?

Und viel wichtiger: Lässt dich das Lächeln dieser Leute in deinem letzten Moment auch lächeln?

Unterwegs im Leben

M. M.

Das Leben ist wie der Straßenverkehr.

Ich beginne mit der Autobahn. Sie ist ziemlich geradlinig, sodass ich weit vorausblicken kann. Du bist schnell, doch leider siehst du dabei nicht alles, was an dir vorbeizieht. Auf der Autobahn zu fahren, ist einfach.

Jeder wählt gern einfache Wege in seinem Leben. Aber ist es immer gut, alles so schnell und einfach wie möglich zu wollen?

Bei der Raserei können Unfälle passieren. Ein Unfall beendet dein schnelles Vorwärtskommen fürs Erste. Etwas kann kaputt gehen. Du kannst verletzt werden. Was in deinem Leben hat dich zum Stehen gebracht hat und dich körperlich oder seelisch verletzt?

Nicht immer ist der Weg gerade und leicht. Hin und wieder ist es nötig, einen holprigen, engen Waldweg zu nehmen. Hier musst du vorsichtig und langsam sein. Es ist nicht unbedingt ein Spaß, dort zu fahren, aber manchmal ist es unvermeidbar. Dein Auto kann hinterher schmutzig sein, aber ans Ziel gelangst du dennoch. Wann warst du auf einem holprigen, schweren Lebensweg unterwegs und musstest dich dabei schmutzig machen?

Mit Sicherheit standest du schon einmal im Stau. Zuerst zähfließender Verkehr. Du fährst an und bremst. Fährst an, bremst. Stehst eine Weile bewegungslos am selben Fleck und kannst nichts dagegen tun. Es kann nerven, aber in dem Moment lässt es sich nicht aus eigener Kraft ändern. Es gibt eine Blockade, die dich am zügigen Weiterfahren hindert. Wann hattest du das Gefühl, dein Leben ist zähfließend? Welche Blockaden lassen dich auf der Stelle treten? Welche Dinge konntest du nicht aktiv verändern? Was staut sich in dir an?

Als Nächstes begegnest du einer Kreuzung. Entweder du weißt, wohin du fahren musst, oder du bist unsicher. Solange du dich nicht entscheidest, stehst du an derselben Stelle. Eventuell hast du ein verlässliches Navigationssystem, das dir die Richtung weist.

Oder du bist auf dich allein gestellt und es liegt in deiner Hand, welchen Weg du einschlägst. Dabei könntest du dich verfahren und dich an einem Ort wiederfinden, an dem du gar nicht sein wolltest. Vielleicht bist du überrascht, dass er dir trotzdem gefällt und dich auf Umwegen an dein Ziel bringt. Es kann aber auch sein, dass dir der fremde Ort Angst macht. Dann musst du versuchen umzukehren oder durch einen Umweg wieder auf den richtigen Weg zu finden.

Wann in deinem Leben musstest du eine Entscheidung treffen? Wer ist dein Navigationssystem, auf das du dich verlässt? Wann warst du auf dich allein gestellt? Wann hast du auf Anhieb richtig entschieden und wann bist du falsch abgebogen? Konntest du ein Ziel auf Umwegen erreichen? Erkanntest du im Nachhinein, ob der Umweg sogar hilfreich war?

Ein Kreisverkehr ähnelt der Kreuzung, auch hier hast du verschiedene Möglichkeiten. Du kannst eine Weile im Kreis fahren, bis du den Weg weißt, aber es bringt dich nicht weiter. Oft ist es frustrierend, immer wieder das Gleiche zu tun. Mit der Zeit wird dir schwindelig.

Doch von Zeit zu Zeit ist es nun einmal so, dass du ein wenig im Kreis fahren musst, wenn du deine Richtung noch nicht siehst. Oder du fährst im Kreis, weil es sicherer ist, denn dort kannst du dich zumindest nicht verfahren. Wann in deinem Leben hast du bestimmte Gewohnheiten wiederholt, obwohl sie möglicherweise sogar schädlich waren? In welchem Teufelskreis warst du gefangen? Wann hattest du Angst, deinen Kreisverkehr zu verlassen, weil du dich nicht verfahren wolltest?

Möglicherweise bist du schon auf eine Sackgasse gestoßen – vielleicht beim falschen Abbiegen. Dann bist du überfordert oder wütend, weil du die Strecke umsonst gefahren bist. Du hast gar keine Wahl, als umzukehren. Dabei siehst du dieselbe Gegend ein zweites Mal und entdeckst womöglich etwas, was dir zuvor nicht aufgefallen ist. Wann in deinem Leben hast du dich in einer Sackgasse befunden? Konntest du beim Wenden etwas Neues erkennen und daraus lernen?

Betrachte die Baustellen, die du unterwegs siehst. Manche sind klein und lassen sich umfahren. Andere sind so groß, dass ganze Straßen gesperrt werden. Auf Baustellen muss etwas ausgebessert werden, sonst verschlimmern sie sich.

Was sind die Baustellen deiner Seele? Worum solltest du dich kümmern, bevor es größer und schlimmer wird? Welche Baustellen hattest du schon, wegen denen eine Straße deines Lebens vorerst gesperrt werden musste?

Hin und wieder fährst du geradewegs auf eine Ampel zu. Gibt sie grünes Licht, hast du freie Fahrt. Ist sie rot, heißt es bremsen. Leuchtet sie gelb, wartest du auf das nächste Signal. Es sagt „Achtung, bleib stehen" oder „Gleich geht es weiter". Manchmal bist du auch verpflichtet zu bremsen, weil du an einen Zebrastreifen kommst, den eine Person überqueren will.

Wo in deinem Leben hast du grünes Licht bekommen und wo hat dich rotes Licht ausgebremst? Wann hat dir gelbes Licht ein neues Signal angekündigt? Wann musstest du dich darauf vorbereiten, etwas fortzuführen, nachdem du schon angehalten hattest? Warst du verpflichtet, jemand anderem den Vortritt zu lassen?

Für einige Strecken hast du Mitfahrer, für andere nicht. Wann in deinem Leben hast du Begleitung und wann bist du allein für dich verantwortlich? Wann sitzt du selbst am Steuer und für wen bist du ein Beifahrer?

Es kann passieren, dass du im Dunkeln fahren musst. Glücklicherweise kannst du die Scheinwerfer einschalten, um den Weg vor dir zu sehen und um gesehen zu werden. Auch Straßenlaternen können der Orientierung dienen. Wann in deinem Leben war es dunkel, sodass du ohne Licht nicht weiterkamst? Wer oder was in deinem Leben gibt dir Orientierung?

Wie im Straßenverkehr ist es im Leben wichtig, auf die Schilder zu achten, die uns Hinweise geben. Nicht immer ist das angenehm. Manches möchten wir am liebsten ignorieren. Es kann wirken, als wäre das Ziel nicht in Sicht, aber es ist immer da.

Egal, an welcher Stelle im Straßenverkehr du gerade stehst: Du findest dein Ziel.

Ziel

J. J.

Ich stehe kurz davor, endlich alles zu schaffen, was ich mir immer erträumt habe. Es ist ein simpler Schritt und ich bin endlich angekommen.

Ich hätte das große Projekt endlich beenden können. Das Rennen gewinnen können. Den Abschluss schaffen können … Es ist nur dieser eine Schritt, der noch fehlt. Der eine Text. Der eine Ausdauerschub. Die eine Prüfung.

Doch warum fällt ausgerechnet das so schwer?

Du stehst kurz vor dem Ende und kriegst es einfach nicht hin. Sind es die Zweifel, die dich einholen? Hast du Angst, am Ende nicht gut genug zu sein?

Schauen wir uns mal die vorherigen Schritte an. Am besten doch auch von diesem Buch.

Die ersten Schritte dieses Buches waren reiner Zufall und ein Ziel war noch lange nicht in Sicht. Eigentlich war auch kein Ziel geplant, sondern nur, so viel zu schreiben wie irgendwie möglich.

Das änderte sich, als ich die Co-Autorin traf und wir uns entschieden, hieraus ein richtiges Projekt mit Ende zu machen. Nun begannen wir also Schritt für Schritt Texte zu sammeln und uns langsam um die nächsten Schritte Gedanken zu machen.

Es gab auf dem Weg mehrere kleine Ziele. Jeder einzelne Text war ein kleines Ziel, das zum großen Ziel namens „50 Texte" führte.

Diesen Text schreibe ich gerade … er ist also der letzte Schritt, bevor das doppelte Ziel erreicht ist. Das kleine

Ende-des-Textes-Ziel und das große Ende-aller-Texte-Ziel. Das nächste Ziel wird dann sein, dass du dieses Buch in den Händen hältst. Ob uns das gelungen ist oder nicht, musst du uns allerdings sagen.

Doch nicht nur dieses Ziel ist damit erreicht: Auch zwei private Ziele. Das eine, dass ein Buch veröffentlicht wurde und das zweite, dass es wirklich jemand gelesen hat.

Ziele, die wir uns setzen, bestehen wie gesagt immer aus kleineren Zielen. Wenn wir uns das Buch noch mal ansehen, ist das große Ziel, dass es veröffentlicht wird.

Daraus entsteht das Ziel, einen passenden Verleger zu suchen. Daraus wiederum, ein passendes Layout zu gestalten. Ohne die Texte nützt das Layout nichts, also ist es ein Ziel, die ganzen Texte zu sammeln. Daraus entsteht das Ziel, einen Text zu schreiben. Daraus das Ziel, sich zu motivieren.

Du siehst, ein Projekt hat immer mehr als nur ein Ziel. Doch was sind deine Ziele?

Hast du das Ziel, das Buch hier zu Ende zu lesen? Und was waren deine Zwischenziele dabei?

Etwas kann ich dir aber mit Gewissheit sagen … Du befindest dich gerade auf der Zielgeraden.

Nur wenige Worte trennen dich von deinem Ziel. Also trau dich und lies sie. Und wie du siehst, hast du das gerade.

Du hast dein Ziel erreicht.

Über die Autorinnen

Juna Jakira wurde 2003 in Sachsen geboren. Derzeit befindet sie sich in der Ausbildung. Die Freude am Ausdenken von Geschichten begann mit etwa zwölf Jahren. Ab dem siebzehnten Lebensjahr vertiefte sie ihr Interesse noch aktiver, um ihre zahlreichen Ideen festzuhalten und ihrer Fantasie freien Lauf zu lassen. Von ihr stammt die Grundidee dieses Buchprojekts. Sie hofft, anderen Menschen mit ihren Texten einen Weg zu zeigen, neue Blickwinkel zu eröffnen und Herzen zu berühren.

Miriam Mai wurde 1999 in Niederbayern geboren. Sie erlernte den Beruf der Erzieherin. Schon im frühen Alter von fünf Jahren begann sie, sich Geschichten auszudenken. Seitdem begleitet sie die Leidenschaft fürs Schreiben. Besonders gern schreibt sie über tiefgründige Themen, ist aber auch im Fantasy-Bereich tätig. In ihren Texten dieses Buches verarbeitet sie Gedanken zu Themen, die sie selbst betreffen. Sie wünscht sich, mit ihren Erfahrungen und Erkenntnissen anderen zu helfen, die auf der Suche nach sich selbst sind.